Fahrradfahren ist ein Menschenrecht!?

Der Autor:

Timbuktu hält sich für einen unbescholtenen Bürger, der mit der vorliegenden Geschichte erstmals an die Öffentlichkeit tritt. Die Idee zu diesem Büchlein ist ihm in Folge der erlebten Geschehnisse gekommen.

Einerseits soll es der eigenen Katharsis dienen, andererseits möchte er Personen, die in einer ähnlich misslichen Lebenssituation stecken, Mut machen, nicht zu verzweifeln und sich eventuell Hilfe zu holen.
Zudem möchte er auf die Missstände der verkehrspolitischen Machenschaften im Zusammenspiel von Polizei, Staatsanwaltschaft, Verkehrsbehörden und privatwirtschaftlichen Verkehrsinstituten hinweisen.

©2021 Timbuktu
Umschlag, Illustration: Timbuktu
Lektorat, Korrektorat: Franz Frindt

Verlag & Druck: tredition GmbH, Halenreie 40-44,
22359 Hamburg

ISBN
978-3-347-21648-8 (Paperback)
978-3-347-21649-5 (Hardcover)
978-3-347-21650-1 (e-Book)

Mein altes Damenrad, mein Führerschein und Ich

Eigentlich wollte ich keinen Ratgeber schreiben. Jetzt ist es ein Stück weit doch einer geworden. Ich hatte nach einem Ventil gesucht, um das Erlebte zu verarbeiten. Hier schien mir das Mittel, alles schriftlich festzuhalten, ein adäquates zu sein. Die Alternative erscheint mir wenig sinnvoll, da sie mir womöglich zum Nachteil ausgelegt worden wäre. Im ersten Teil dieser Geschichte hatte ich von Behördenseite nur mit Damen zu tun. Nicht, dass mich einer falsch versteht, ich habe an sich nichts gegen Frauen, komme in der Regel auch ganz gut mit ihnen zurecht, jedoch hat sich im Verlauf der vorliegenden Ereignisse mein persönliches Weltbild etwas gewandelt.

Dies ist eine kleine Anekdote für all diejenigen, die ab und an abends arglos mit dem Fahrrad unterwegs sind. Aus vermeintlichen Gründen der Vernunft, sprich, um ihren Führerschein nicht zu gefährden - klar, denn man will ja etwas trinken. Ob dies dann tatsächlich vernünftig ist, sollte man nach dem kritischen Lesen dieser Lektüre neu bewerten. Mit meinen Aufzeichnungen möchte ich alle warnen, die ähnlich denken, beziehungsweise handeln. Möglicherweise könnten sich solche Handlungsweisen als Trugschluss herausstellen, wie ich am eigenen Leib erfahren durfte.

Ein folgenreicher Sommerabend

An einem schönen Sonnabend radelte ich mit meinem Fahrrad bei lauen sommerlichen Temperaturen in die nahegelegene Stadt. Mein Ziel: das Fest zum 25-jährigen Jubiläum eines Kulturvereines. Ich kam gegen 20:30 Uhr dort an und schaute mir erst die Ausstellung zur Geschichte des Kulturvereines in den Räumlichkeiten eines Museums an. Ganz ohne Alkohol. Um 21:30 holte ich mir schließlich ein Bier und stellte mich in die Nähe der Bühne, um mir irgendeine Ingolstädter Balkantruppe anzusehen. Gegen Ende des Auftrittes traf ich Matze und trank mit ihm ein Bier, also mein zweites. Nachdem das Fest gegen 23:30 Uhr beendet war, gingen wir gemeinsam in den Stattbahnhof, dort spielte bereits eine weitere Band amerikanische Gitarrenmusik. Wir hörten uns noch die letzten Lieder des Konzertes an und genehmigten uns ein drittes Bier. Danach gingen wir an den Tresen in der Kneipe. Dort tranken wir im Zeitraum von zwei Stunden beide nochmals drei Bier. Insgesamt hatte ich am Ende des Abends sechs 0,5 Liter Bier getrunken. Natürlich ist dies keine unerhebliche Menge, jedoch hatte ich keine Bedenken, mit dem Rad nach Hause zu fahren. Die Beleuchtung funktioniert (was in der Vergangenheit nicht immer gewährleistet war) und ich werde ausschließlich auf Radwegen unterwegs sein. Um 2:30 Uhr machen wir uns auf den Nachhauseweg, Matze mit dem Taxi, ich mit dem Rad, was mir zu diesem Zeitpunkt noch als eine gute Idee erschien.

Es kam, wie es kommen musste und wie es diese Geschichte wohl auch erfordert. Unterwegs zwischen der Stadt und meinem Wohnort, wohlgemerkt auf dem Radweg mit einem Fahrrad, das in vorbildlichster Weise der Straßenverkehrsordnung entsprach, wurde ich just aus den Gedanken gerissen: ein in den charakteristischen Farben der Polizei geschmücktes Fahrzeug überholte mich auf der Straße und stellte sich quer auf den Radweg, wodurch ich gezwungen war, anzuhalten. „Allgemeine Verkehrskontrolle! Haben Sie etwas getrunken?" Da ich keine andere Wahl hatte, für Flucht war es definitiv zu spät und die Polizisten komplett zu ignorieren, schien mir auch nicht das geeignete Mittel zu sein, willigte ich in das Vorhaben der Beamten ein.

Zu diesem Zeitpunkt konnte ich noch nicht ahnen, „was für ein Film" sich aus dieser Szenerie entwickeln würde.

Die Polizisten forderten mich auf, mich auszuweisen, was ich jedoch nur anhand meiner Krankenkassenkarte konnte. ...Ungünstiger Einstieg für den Verlauf einer Verkehrskontrolle. Erste Erkenntnis für die Zukunft: das Mitführen von gültigen Ausweispapieren sollte gewährleistet sein.
Sie fragten, ob ich mit einem Alkoholtest einverstanden wäre. Innerlich begeistert, willigte ich ein, worauf die Beamten feststellten, dass sie kein Atemalkohol-Messgerät mit sich führten. Ich witterte meine Chance, um gleich darauf auf den asphaltierten Boden der Tatsachen zurückgeholt zu werden. Es wurde ein besser bestückter Streifenwagen angefordert.
In der Zwischenzeit unterhielt ich mich zwanglos mit dem jüngeren der beiden Beamten und legte ihm meine qualifizierte Einschätzung, dass ich weit unter 1,6 Promille wäre, dar. Auf seine Nachfrage gab ich an, 2-3 Bier getrunken zu haben, was natürlich nicht ganz der Wahrheit entsprach. Ich dachte, ich muss mich ja nicht selbst belasten. Nachdem die zweite Streife kam und tatsächlich ein Atemmessgerät mit an Bord hatte, kam es zur Atemalkohol-Messung; diese ergab 82mg Atemalkohol. Der angezeigte Wert wird laut des Beamten verdoppelt, sodass es rechnerisch zu einem Blutalkohol-Wert von 1,64 Promille kommt, wodurch der zulässige Wert von 1,59 Promille im Blut überschritten wäre.

Eine eingeschobene Selbstanalyse:
Tatsächlich war ich davon überzeugt, nach meinem Alkoholkonsum maximal einen Wert zwischen 1,2 und 1, 4 Promille zu erreichen. Mathe war noch nie meine Stärke, mit dieser Nachricht habe ich aber trotzdem nicht gerechnet. Ab 2,2 Promille fängt der Vollrausch an; quasi der Freifahrtschein für die Flucht im Polizeiauto, oder ähnlich kreative Lösungen. Nützt aber nichts, weshalb ich mich für die Schockstarre entscheide.

Der gemessene Promillewert muss selbstverständlich überprüft werden, folglich müsse man gemeinsam auf das Präsidium fahren, um eine Blutentnahme zu veranlassen. Ich stieg hinten ins Polizeiauto und ließ mein Fahrrad alleine zurück.
Auf der Fahrt Richtung Präsidium meinte der jüngere der beiden Polizeibeamten, dass ich, seiner Einschätzung nach, mit einer Geldstrafe davonkommen sollte. Unabhängig davon wuchs in mir die Hoffnung, möglicherweise beim Bluttest den magischen Wert von 1,6 Promille zu unterschreiten. Hierfür wird ein diensthabender Arzt angefordert. In der Zeit bis zum Eintreffen des Arztes verfasste Hr. F. das notwendige Protokoll über den Tathergang. Bei dieser Befragung, die ca. eine halbe Stunde dauerte, wollte er nochmals die genaue Anzahl der konsumierten Getränke wissen. Auch hier antwortete ich folgerichtig, um meine Erstaussage zu bestätigen, wieder mit „2-3 Bier", wohlwissend, dass dies nicht der exakten Konsummenge entsprach.
Der Arzt kam ca. eine viertel Stunde nach Beendigung des Protokolls, also eine dreiviertel Stunde, nach der Ankunft auf dem Revier. Jetzt begann er mit seiner Untersuchung inklusive Blutentnahme, was etwa eine viertel Stunde in Anspruch nahm.
Nach dieser Prozedur wurde ich von den beiden Polizisten nach Hause gefahren, wo ich mich mit einem offiziellen Dokument ausweisen musste und glücklicherweise auch konnte. Ich möchte mir gar nicht ausmalen, was gewesen wäre, hätte ich dies nicht gekonnt.

Ein Hoch auf den Reisepass!

In den nächsten Wochen hoffte ich weiterhin, dass eventuell das Ergebnis der Blutalkoholkontrolle unter dem gemessenen Atemalkohol Wert liegt. Das Hoffen war eher ein Bangen, irgendwie hatte ich eine gewisse Vorahnung.

Tatsächlich, wurden meine Befürchtungen drei Wochen später Gewissheit.
An einem Sonntagmorgen klingelte um 8:30 Uhr das Telefon. Wohlgemerkt: es war ein Sonntag. Herr F., hatte schlechte Nachrichten für mich. Leider überschreite der Blutalkoholwert die zulässigen 1,59 Promille um den Wert 0,04. Mein Ausruf, „oh nein, das darf nicht wahr sein", schien ihn nicht zu beeindrucken. Doch bestätigte er mir, dies sei für ihn auch sehr ungewöhnlich, da die Messungen von Atemalkohol und Blutalkohol ein nahezu identisches Ergebnis hätten. Ich fragte ihn, wie es jetzt weiter gehe. Ob jetzt, automatisch eine MPU angeordnet werden würde? Seine Einschätzung war, dass bei einem Erstdelikt mit dem Fahrrad, wie in meinem Fall, ein Strafbefehl der Staatsanwaltschaft unerlässlich sei, jedoch nicht zwangsläufig eine MPU nach sich ziehen müsse. Aus seiner Erfahrung könne er sagen, wenn man keine Eintragung im Verkehrsregister und keine Punkte in Flensburg habe, würde wohl auch keine MPU folgen.
Na hoffentlich hat er mit seiner Einschätzung Recht. Einer düsteren Vorahnung folgend, begann ich im Internet zu recherchieren. Hier allerdings bestätigte sich meine Befürchtung, dass die Führerscheinbehörde sehr wohl bei 1,6 Promille und darüber, auch schon beim ersten Mal eine MPU anordnen kann. Volltreffer! Der rechtliche Rahmen gibt es wohl her. Pessimismus schützt vor naiver Hoffnung nicht. Jetzt kommt es darauf an, wer in der Führerscheinstelle meinen Fall bearbeiten würde.
Es gibt ein Unzahl von Möglichkeiten: der wohlwollende Sachbearbeiter (der selbst gerne mal ein Bier kippt), die Schnarchnase (bei dem mein Fall in Vergessenheit gerät), die unkoordinierte

Chaosqueen (bei der mein Fall unter den Tisch fällt), oder die pedantische Überzeugungstäterin (deren größte Genugtuung es ist, alle Register des Verwaltungsrechtes zu ziehen, um einen Verkehrssünder, wie ich es bin, auf den rechten Weg zu schicken). Immer wieder beschlich mich ein Gefühl der inneren Unruhe, denn die Geschichte hat uns oft gelehrt: gib einer Person ein kleines bisschen Macht und sie wird diese vermutlich ausspielen.

Meine düstersten Vorahnungen bewahrheiteten sich einige Wochen später mit einem Einschreiben der Führerscheinstelle. Es war nicht der milde Sachbearbeiter, der aufgrund der Tatsache des, aus meiner Sicht, geringfügigen Überschreitens, ein Auge zugedrückt hätte. Scheinbar hatte ich die besonders scharfe Sachbearbeiterin Fr. G. erwischt.

Als ich die Aufforderung der Führerscheinstelle, mich einer MPU zu unterziehen, bekam, las ich mit Erstaunen, dass die Polizisten mich um 3:53 Uhr auf dem Nachhauseweg angehalten hätten und um 4:13 Uhr die Blutentnahme durchgeführt worden sei. Aus meiner Sicht ergab sich da eine zeitliche Ungereimtheit, der ich jedoch keine größere Bedeutung beimaß.
Zwischen dem Atemalkohol-Test und der Blutentnahme lag ein Zeitraum von mindestens einer Stunde, was der Polizeibericht jedoch anders darstellte. Alleine die „bitte pusten, ach uns fehlt das Gerät, wir besorgen eins"-Aktion brauchte schon 20 Minuten. Dann fuhren wir gemeinsam aufs Präsidium, was etwa 10 Minuten in Anspruch nahm. Dort wurde ein Protokoll erstellt, was wiederum 20-30 Minuten dauerte. Danach eröffneten mir die Beamten, dass wir uns jetzt noch gedulden müssen, bis der diensthabende Arzt Dr. J., eintreffen würde. Nach einer gefühlten halben Stunde traf Dr. J. ein, um mit seiner Untersuchung zu beginnen. Zuerst wurde mir Blut entnommen, danach gab es noch ein paar Koordinationsübungen.

Weiter entnahm ich dem Schreiben des Landratsamtes, dass die Behörde bei mir die Fragestellung zum Führen eines führerscheinfreien (!!!) Fahrzeuges stelle. Hieraus ergaben sich noch weitere Fragestellungen, deren perfide Komplexität ich in ihrem Ausmaß noch nicht erkannte. Schon über die Fragestellung an sich empört, dachte ich noch, es würde sich vermutlich um einen Standardbrief des Landratsamtes handeln, bei dem einfach die Daten der Klienten ausgetauscht werden. Ich nahm die Ernsthaftigkeit der Lage noch nicht wirklich wahr.

Zur Erklärung: „führerscheinfrei" ist z. B. der Tretroller, Rollschuhe, das Skateboard, der E-Rollstuhl und eben auch das Fahrrad. Man bekommt sozusagen einen nicht vorhandenen Führerschein entzogen.

Der erste Anlauf

Natürlich hatte ich im Vorfeld auch in Betracht gezogen, einen Vorbereitungskurs zu besuchen, entschied mich aber wegen des engen Zeitrahmens dagegen. Mein Termin für die MPU, der mir von Amtswegen zugeteilt wurde, war relativ zeitnah terminiert. Somit hätte ich den Untersuchungstermin verschieben müssen, um einen Kurs zu absolvieren.

Somit blieb die Alternative, sich selbständig vorzubereiten und zum Thema im Netz zu recherchieren. Davor wurde mir aus dem Bekanntenkreis immer wieder nahegelegt, jeglichen Anflug von Logik und Ehrlichkeit beiseite zu schieben und den Prüfern einfach das zu sagen, was sie vermeintlich hören wollen. Jedoch stieß ich auf ein Manuskript eines Verkehrspsychologen aus Aschaffenburg. Sein Ratschlag war es möglichst glaubhaft gegenüber den Prüfern aufzutreten, was mir irgendwie auch einleuchtete. Also verwarf ich meine Erststrategie zugunsten der „Expertenmeinung". Na klar, ich würde mir selbst auch nicht glauben, dass ich in Zukunft nichts mehr trinke, wenn ich mit dem Rad unterwegs bin. Deshalb dachte ich, es sei viel Glaubhafter, dass meine persönliche Grenze bei drei Bier liegen würde. Manchmal ist es gut, das Denken sein zu lassen, denn dies sollte sich noch als hoffnungslos naiv herausstellen.

Am Tag der Untersuchung traf ich kurz vor neun in den Räumlichkeiten des TÜV Thüringen ein. Zuerst müssen die Formalitäten erledigt werden, d.h. man muss sich mit gültigen Papieren ausweisen, um dann einen Bogen mit persönlichen Daten auszufüllen. Das Warten beginnt.

Außer mir sind noch einige Kandidaten da, meist junge Männer zwischen 20 und 30 Jahren. Im Raum macht sich Nervosität breit; der eine wippt ununterbrochen mit den Beinen, der andere überprüft dauernd die Uhrzeit auf seinem Handy, ich muss ständig aufs Klo. Ich war sieben bis acht Mal pinkeln.

Endlich wurde ich zum ersten Teil der Untersuchung aufgerufen.

Hierfür wird man in einen kleinen Raum mit einem Computer geführt. Die Assistentin erklärte mir den Ablauf.

Zuerst unterzieht man sich einem Reaktionstest, der aus drei Modulen besteht. Beim ersten Test muss man sich die Abfolge unterschiedlicher Farbmuster einprägen und diese in der richtigen Reihenfolge wiederholen. Hierbei ist es wichtig, sich durch Fehler nicht aus der Ruhe bringen zu lassen, denn es ist Vorgabe, die Testreihe bis zum Ende durchzuhalten.
Dann kommt eine Zuordnungsaufgabe. Hier werden sieben Anfangspunkte vorgegeben, welche durch Linien mit sieben Endpunkten verbunden sind. Die Aufgabe besteht darin, für jeden Anfangspunkt das passende Ende zu finden. ...Welch schöne Analogie zur ganzen Geschichte!
Schließlich folgt ein Reaktionstest, bei dem unterschiedliche Sinne gleichzeitig beansprucht werden. Hier wird die visuelle Wahrnehmung in Verbindung mit der akustischen Wahrnehmung und der körperlichen Reaktion geprüft. In der Praxis tritt man in Pedale, drückt bei Kommando auf Tasten und damit es nicht langweilig wird, piepst ab und zu was im Ohr.

Als zweiter Teil steht die medizinische Untersuchung an. Die Ärztin musterte mich kurz und fragte in abschätzigem Ton, wie viel Alkohol ich in der fraglichen Nacht getrunken hätte. Als ich ihr wahrheitsgemäß mitteilte, dass ich sechs 0,5 Liter Bier getrunken hatte, meinte sie, dass ihr dies als zu wenig erscheine, um einen so hohen Blutalkoholwert zu erreichen. Hier schwang schon ein gewisser Argwohn in ihrer Stimme mit. Sie rechnete und teilte mir mit, dass ich bei sechs Bier (0,5 L) unter einem Wert von einem Promille liegen müsse. Ich erwiderte, ich könne doch jetzt nicht meine Aussage ändern, nur damit es zu ihrem rechnerischen Ergebnis passe und äußerte den Verdacht, es könne sich vielmehr um einen Messfehler handeln. Was sie schweigend ignorierte.

Die notorische Unfreundlichkeit zog sich auch durch den Rest der medizinischen Untersuchungen, bei denen ich mir nicht sicher bin, ob sie überhaupt diese Bezeichnung verdienen. Mit geschlossenen Augen auf einer gedachten Linie gerade aus gehen. Mit geschlossenen Augen abwechselnd mit der rechten und der linken Hand an die Nase fassen. Frau H. zeigte weiterhin den Charme einer Gefängnisärztin; ich fühlte mich auch eher wie ein Insasse als ein Kunde. Buh, war ich froh, als ich ihren Untersuchungsraum verlassen durfte.

Der dritte Teil der MPU wurde von der Verkehrspsychologin, Frau R., anhand eines psychologischen Fragebogens durchgeführt. Dieser wurde von ihr am Computer abgelesen und enthielt Fragen zum „Tathergang", Ablauf des Abends, Alkoholkonsum vor der Tat, respektive nach der Tat. Eingangs wollte auch sie wissen, was ich an dem Abend konsumiert habe. Wieder gab ich wahrheitsgemäß die sechs 0,5 Liter Bier an, worauf auch sie meinte, dies erscheine ihr zu niedrig. Auch sie kam zu dem Ergebnis, dass dies nicht mit dem Promillewert übereinstimmen könne. Ich erklärte ihr, dass ich die gleiche Fragestellung vorhin schon mit ihrer Kollegin besprochen hätte und jetzt nicht die Menge an Bier in Frage stellen könne, nur damit es zum vermeintlich richtigen Ergebnis passe. Sie entgegnete, dass ich damals bei der Polizei 2-3 Bier angegeben habe, was ja nicht stimmen könne, und zu meiner jetzigen Aussage auch wieder eine Diskrepanz bestünde. Puh, das hat gesessen, ich entschließe mich, hierauf keine Rückmeldung zu geben.

Die Psychologin führt die Befragung fort: wie ich mir erklären würde, mit 6 Bier Fahrradfahren zu können? Auf mein Nachfragen antwortete sie, dass andere Personen schließlich mit 6 Bier dazu nicht in der Lage seien. Innerlich unterstellte ich ihr Realitätsferne und antwortete nach kurzer Überlegung, „naja, mit drei Bieren fahr ich öfter mal Rad", folglich wäre ich es wohl ein Stück weit gewohnt, leicht alkoholisiert Rad zu fahren.
Weiter wollte sie wissen, wie ich in Zukunft handeln würde? Ich sagte ihr klar, dass ich maximal noch mit drei Bier Fahrrad fahren werde

und sobald ich mehr trinken sollte, würde ich mir ein Taxi rufen. Schließlich habe ich aus dem Vorfall gelernt und wolle mir in Zukunft sowohl den Ärger, der damit verbunden sei, als auch die finanziellen Unannehmlichkeiten ersparen. Die ganze Angelegenheit ziehe immense Energie und sei zudem aus finanzieller Sicht sehr ärgerlich.

Die nächste Frage von Fr. R. zielt darauf ab, wie ich es in Zukunft mit Fahrten unter Restalkohol halten wolle? Ich erkläre ihr, dass ich auch in der Vergangenheit nur am Wochenende etwas getrunken habe und dann am nächsten Tag kein Auto gefahren bin. Ich verstand ihre Frage bezüglich des Autofahrens.
Wie ich es mit dem Radfahren (und dem Restalkohol) halten wolle? Auch da antwortete ich, dies nicht zu tun. Was zugegebenermaßen der Auskunft, nicht mehr als drei Bier beim Radfahren trinken zu wollen, widersprach. Auf ihre Nachfrage revidierte ich meine Antwort und erläuterte, die Frage wohl missverstanden zu haben. Daraus resultiert für sie ein Widerspruch, den sie in ihre Beurteilung auch einfließen ließ.

Die „differenzierte Fragestellung": der Autofahrer, der mit 1,63 Promille aus dem Verkehr gezogen wird, verliert seinen Führerschein. Der Radfahrer mit der gleichen Promillezahl, bekommt den Führerschein vorläufig entzogen, bis er ein positives Verkehrsgutachten einer Prüfstelle vorlegen kann. Zusätzlich wird bei ihm überprüft, ob er in Zukunft in der Lage ist, führerscheinfreie Fahrzeuge zu führen.
Im Laufe des Gespräches teilt mir Frau R. mit, dass sie anhand dieser differenzierten Fragestellung gar keine Möglichkeit hätte, das Gutachten positiv zu bescheiden.
Auf meine Nachfrage, weshalb das so sei, erklärte sie, dass ein solch hochdifferenziertes Frageschema ihr in den seltensten Fällen vorläge. Haha, zu dem Zeitpunkt war ich noch so doof, ihr das zu glauben. Ich frage sie, ob sie eine Idee habe, wie es zu dieser Fragestellung komme. Was sie jedoch verneinte und mir den Ratschlag gab, mich persönlich an die Führerscheinstelle zu wenden.

Es würde ihr leidtun, heuchelte mir die falsche Schlange vor. Sie wird sich auch nochmal mit ihrer Kollegin (der „Gefängnisärztin") austauschen, jedoch kann sie mir keine großen Hoffnungen auf einen positiven Ausgang des Gutachtens machen.

Anschließend waren wieder zwei Wochen Hoffen und Bangen angesagt, denn bekanntlich stirbt die Hoffnung (aber nicht das Bangen) ja zuletzt. Trotz der Ansage von Fr. R. klammerte ich mich an den letzten Funken Hoffnung. Vermutlich nährte sich dieser aus ihrer Aussage, sie würde auch nochmal mit ihrer Kollegin Rücksprache halten und schließlich hätte ich mich nicht zum ersten Mal in Menschen getäuscht.

Nachdem ich innerhalb der nächsten zwei Wochen, keine Rückmeldung bekam, entschloss ich mich, telefonisch nachzufragen.

Eine böse Vorahnung

Am Morgen des 17. Oktober setzte ich mich mit der Prüfstelle, dem TÜV Thüringen, in Verbindung. Nachdem das Gutachten bisher noch nicht bei mir angekommen war, wollte ich wissen, ob dieses dort schon in die Post gegangen wäre. Die Sekretärin machte mich darauf aufmerksam, dass noch Zeit wäre, da das Gutachten innerhalb von vierzehn Tagen nach Eingang aller Unterlagen (wozu auch der Laborbefund zählt), verschickt werden müsse. Dies wäre laut ihren Unterlagen der 22. Oktober. Ich weise sie daraufhin, dass das Gutachten meinerseits am 23. Oktober bei der Führerscheinstelle abgegeben werden müsse. Die Sekretärin erklärt mir, dass die Psychologen einen gewissen Spielraum hätten und wollte wissen, wer denn bei mir zuständig gewesen ist. Ich nenne Fr. R., worauf sie mir sagt, dass das Gutachten noch nicht fertiggestellt sei, sie Fr. R. jedoch nochmal darauf hinweisen würde. Gegebenenfalls könne ich das Gutachten auch am Dienstag, den 23. Oktober persönlich vor Ort abholen. Sie habe ja meine Telefonnummer, um mich eventuell anzurufen. Ich mache sie darauf aufmerksam, dass ich am Dienstag beruflich eingebunden bin und folglich keine Zeit haben werde. Sie erklärt mir, aus ihrer Einschätzung wäre auch für das Landratsamt klar, dass sich kleine Verzögerungen durch den Postweg ergäben. Ich zweifelte an ihrer Prognose, verbalisierte es ihr gegenüber jedoch nicht.

Nach wie vor bin ich ja immer noch in der Rolle des Bittstellers gegenüber der TÜV-Stelle. Hier verkehrt sich die im normalen Leben übliche Regel „wer zahlt, schafft an". Ich muss zwar die Kosten für ein unsagbar teures Pseudogutachten übernehmen, muss mich aber auch gleichzeitig immer den Regeln der Behörde und ihrer Helfershelfer, in diesem Falle der Gutachtenstelle des TÜV Thüringen, unterwerfen.

Immer wieder gehen die Gedanken zum Tag der Untersuchung zurück. Nie zuvor wurde ich von einer Ärztin bzw. Arzt so herablassend behandelt. Die Diensthabende gab mir unmissverständlich zu erkennen, was sie von mir und meines gleichen, das heißt Menschen, die mit Alkohol im Straßenverkehr auffällig geworden sind, hält. Man wird nicht, wie bei anderen Ärzten, als Patient behandelt, sondern man spürt die Verachtung, die einem vermeintlichen Alkoholiker entgegengebracht wird. Von einer Person mit Facharztausbildung in Neurologie und Psychiatrie würde ich grundsätzlich mehr Feingefühl erwarten. Naja, dies mag dem Umstand einer gewissen Abstumpfung auf einer solchen Stelle geschuldet sein. Nichtsdestotrotz würde ich mir allgemein, und im Besonderen mit mir, einen anderen Umgang mit Menschen wünschen.

Weiter ging es rückblickend mit der Testreihe am Computer. Die computergestützten Reaktionstests sind aus meiner Sicht nur dazu da, die Probanden einzuschüchtern und nervös zu machen, haben aber letztendlich kaum Einfluss auf den Ausgang des Bescheides. Ich denke, hier handelt es sich um ein Instrument, der

15

Gesamtbegutachtung ein Element zuzufügen, um sie möglicherweise hierdurch professioneller erscheinen zu lassen. Es soll wohl eine wissenschaftliche Komponente hinzugefügt werden. Jedoch zweifle ich an der Seriosität dieser Methode, da sie wenig Einfluss auf das Ergebnis zu haben scheint. Wurden die Tests von findigen Verkehrspsychologen an verkehrspsychologischen Instituten entwickelt, um die Geldmehrung der eigenen Zunft zu sichern? Diesen Eindruck könnte man gewinnen, wenn man sich mit dem Thema MPU intensiver auseinandersetzt.

Über das Wochenende vom 19.10. – 21.10. war ich wandern, in der Hoffnung, dass bei meiner Rückkehr das Gutachten per Post eingetroffen wäre. Als ich am Sonntag nach Hause kam, war jedoch immer noch keine Nachricht von der Gutachtenstelle eingetroffen. Logischerweise wird auch am Montag keine Post bei mir eingehen, da ja die Post vom Freitag, wenn, dann am Samstag angekommen wäre. Deshalb entschließe ich mich, gleich am Montagmorgen beim TÜV anzurufen.

Um 7:45 Uhr erreiche ich eine freundliche Dame, Frau M. im Sekretariat. Die erste Nette in diesem Chaosbetrieb. Sie gibt mir Auskunft, dass das Gutachten bei ihnen noch nicht rausgegangen sei. Die zuständige Psychologin sei heute auch nicht im Dienst. Ich erkläre ihr, dass ich mein Gutachten morgen bei der Führerscheinstelle abgeben müsse und fragte, wie ich das bewerkstelligen könne. Sie versucht mich zu beschwichtigen, indem sie mir erklärt, dass man ja auch den Postweg berücksichtigen müsse. Ich äußere meine Befürchtung, momentan von der Führerscheinstelle keinerlei Entgegenkommen erwarten zu dürfen. Frau M. ist sehr freundlich am Telefon und sagt, dass sie mit der Psychologin Kontakt aufnehmen will und mir am Mittag Bescheid gibt. Tatsächlich ruft sie um die Mittagszeit bei mir zurück und sagt, ich könne das Gutachten morgen Mittag abholen.

Wir vereinbaren, dass ich am Dienstag um 14 Uhr vorbeikomme. Als ich am nächsten Tag um die vereinbarte Zeit vorstellig werde und nach meinen Unterlagen frage, erklärt Frau M. sichtlich peinlich berührt, es wäre ein Missgeschick passiert. Ihre Kollegin im Hintergrund sagt, dass sie es auf ihre Kappe nehme: Sie habe mein Gutachten versehentlich heute Mittag mit der Post verschickt. Hoppla, die Pannenshow geht weiter.

Scheinbar ist der TÜV Thüringen für solche Schlampereien prädestiniert. Schon am Tag meiner Untersuchung wurde mir die Rechnung eines anderen Klienten, der am selben Tag untersucht wurde, mit vollständigem Namen und Adresse ausgehändigt – es lebe der Datenschutz. „Wer hat dann wohl meine Rechnung zu Gesicht bekommen?", frage ich mich.

Bittere Wahrheit

Am nächsten Tag bekam ich auch prompt mein Gutachten ins Haus geliefert. Wie schon von der Psychologin angekündigt, fiel es natürlich negativ aus. Jedoch nicht aufgrund der von der Führerscheinstelle festgelegten Fragestellung, diese hätte man aus meiner Sicht sehr wohl positiv bewerten können, sondern vielmehr wegen der von Frau R. geführten Argumentation gegen mich.

Viele Antworten, welche sie, die Psychologin, in ihrem Gutachten formuliert hatte, wurden von mir allerdings weder so zu Protokoll gegeben, noch wurde ich, entgegen ihrer Aussage, darauf hingewiesen. Ihre Auslegungen basieren aus meiner Sicht auf reiner Interpretation ihrerseits, was mir völlig willkürlich erscheint. Sie fabuliert und spekuliert völlig ins Leere, ohne ihre Aussagen fundiert begründen zu können. Es wird mit vielen Allgemeinplätzen gearbeitet, die wie eine lose Aneinanderreihung von Belanglosigkeiten klingen. Vorgefertigte Textbausteine sind für den Verfasser natürlich eine nette Sache, wenn man standardmäßig ein bestimmtes Ergebnis erzielen will. Die Mutmaßungen nehmen abstruse Formen an, denen man nur schwer folgen mag.

Beispielsweise erwähnt sie in einer Ausführung, dass beim Trinken im gesellschaftlich üblichen Rahmen selten Blutalkoholwerte von über

0,5 bis 0,6 Promille erreicht werden. Blutalkoholwerte über 1,3 Promille sind, laut ihrer Aussage, mit einem Konsum im normalen Rahmen nicht zu vereinbaren. Bei diesen Aussagen stellt sich mir die Frage, wer den Rahmen festlegt.

Ein weiteres Beispiel ist die Behauptung, „Vor Abschluss des Untersuchungsgespräches wurde mir nochmals Gelegenheit gegeben, aus eigener Sicht für die Beurteilung relevante Sachverhalte und Aspekte darzustellen bzw. zu präzisieren, insbesondere die nach meiner Auffassung noch nicht ausreichend in das Gespräch eingeflossen wären. Abschließend erfolgte eine vorläufige Sachstandsmitteilung. Danach wurde das Gespräch mit Einverständnis von Herrn Timbuktu beendet". (Fr. R., Medizinisch – Psychologisches Gutachten 23.10.2018, Blatt 8)

Auch dieses Zitat scheint mir ein vorgefertigtes Muster zu sein, das im Nachhinein einfach hinzugeführt wurde.

Ich zweifle jedwede Professionalität dieses Gutachtens an und möchte noch einen Schritt weitergehen und behaupten, dass dieses auch von einem völlig unqualifizierten Gutachter hätte verfasst werden können. Der TÜV Thüringen ist bei der Auswahl seines Personals offensichtlich nicht besonders wählerisch; zumindest habe ich diesen Eindruck gewinnen müssen. Natürlich werden die Verantwortlichen meine Sichtweise als subjektive Wahrnehmung eines durchgefallenen Probanden abtun. Letztlich sollte aber auch jedem klar sein, dass hinter dieser Maschinerie ein riesiger Gelddruckapparat steht.

Der TÜV oder andere Institutionen verdienen ihr tägliches Brot mit solchen Gutachten und natürlich um so mehr, wenn einzelne Probanden nachgeschult werden müssen, um zu einer zweiten oder dritten Schulung anzutreten. Letztendlich sind sie auf die Zuführung der Führerscheinstellen angewiesen und werden die Sinnhaftigkeit zweifelhafter Fragestellungen nicht in Frage stellen. Bei mir hat die Prüferin in Form einer schauspielerischen Glanzleistung ganz verwundert getan, was für eine „höchst differenzierte Fragestellung im Raum stehen würde". Jedoch hat sie diese nicht besonders hinterfragt, sondern im Gegenteil durch ihre subjektive Interpretation mich voll in die Pfanne gehauen, was wohl ihr eigentliches Vorhaben war. Das perfide daran ist, dass sie sich während der Untersuchung noch vermeintlich auf meine Seite geschlagen hatte. Die Schuld einer „Negativbeurteilung" versuchte sie auf die Führerscheinstelle und deren Fragestellung abzuwälzen. Ich war so doof und hatte ihr im Gespräch ein Stück weit Glauben geschenkt. Nach Eröffnung des Ergebnisses habe ich tatsächlich den Glauben an die Unabhängigkeit der Gutachterstellen komplett verloren.

Interessanterweise habe ich im Zeitraum zwischen der Begutachtung und dem Ergebnis einen Bericht bei Frontal 21 gesehen, wo es genau um diese Problematik ging. Auch dort war zu erkennen, dass sowohl Führerscheinstellen als auch Gutachter völlig willkürlich beurteilen und handeln. Fachanwälte für Verkehrsrecht haben erhebliche Zweifel an der gängigen Praxis.
So wird mir eine Nachschulung und ein zweites Gutachten bei einer anderen Gutachtenstelle nicht erspart bleiben. Denn die Landratsämter sorgen vor: gegen die Anordnung eines Gutachtens kann rechtlich nicht vorgegangen werden, weil dies kein Verwaltungsakt sei. Das heißt, der Beschuldigte ist in der Pflicht, ein Gutachten auf eigene Kosten zu erbringen. Erst gegen den Beschluss, den Führerschein einzuziehen, können Rechtsmittel eingelegt werden, da es sich hierbei um einen Verwaltungsakt handelt.
Achtung!, ich rate jedem davon ab, sich beim TÜV Thüringen in der Stadt S. begutachten zu lassen.
Zuerst das Positive: es gibt eine Sekretärin, Frau M., die sowohl höflich als auch zuverlässig ist.
Der Rest der Truppe, allerdings, scheint ein völlig inkompetenter Chaoten-Club zu sein. Es fängt bei der zweiten Sekretärin an, die schon am Telefon sehr unhöflich ist und zudem selbst viele Fehler macht (z.B. Aushändigung der Rechnung eines anderen Kunden; die Weitergabe eines Gutachtens an die Post trotz vereinbarter Selbstabholung).
Weiter geht es mit der diensthabenden Ärztin, Fr. Dr. H., die nach dem Untersuchungstermin durch ausgesprochene Unfreundlichkeit im Gedächtnis bleibt. Die ärztliche Untersuchung, welche jeder Laie hätte

durchführen können, gleicht einer Farce.

Die computergestützte Testreihe dient meiner Ansicht nach nur als Instrument, den Klienten nervös zu machen, statt tatsächlich gesicherte Erkenntnisse herauszufiltern. Möglicherweise soll auch der Gesamtuntersuchung hierdurch ein wissenschaftlicher Touch gegeben werden. Wobei die Ergebnisse des Tests bei der Auswertung einen doch sehr untergeordneten Stellenwert einnehmen.

Aus meiner persönlichen Perspektive steht und fällt die Untersuchung mit dem psychologischen Gespräch.

Hier kann schon die Eingangsfrage, „wie haben sie sich auf den heutigen Tag vorbereitet", entscheidend für den Ausgang des weiteren Gesprächs sein.

Unabhängig davon, haben die einzelnen Institute, räumlich getrennt von der Gutachterstelle, Schulungszentren, an denen verschiedene Vorbereitungskurse angeboten werden. Diese Kurse bewegen sich in einem Kostenrahmen zwischen 600 und 1000 Euro, je nachdem, ob man Gruppen- bzw. individuelle Angebote wählt. Klar ist auch, wenn jemand beim ersten Mal durchfällt, wird er mit hoher Wahrscheinlichkeit einen solchen Kurs buchen, bevor er sich einer erneuten Begutachtung stellt. Der Klient wird sich dann vermutlich eine andere Gutachtenstelle suchen und sich nicht vom gleichen Anbieter begutachten lassen. Jedoch muss man es in der Gesamtschau betrachten, um zu erkennen, dass sich dieser Umstand innerhalb der Gutachtenstellen nivelliert. So sollte dem Prüfling bewusst sein, dass hinter der ganzen Branche ein riesiger Markt steht, der sich gegenseitig immer wieder mit neuer Kundschaft, also potentiellen Geldgebern, versorgt. In welcher Beziehung die „unabhängigen Prüfstellen" mit den Führerscheinstellen stehen, lässt sich nur erahnen. Dass hier die Grundsätze der Neutralität, Unabhängigkeit und Gleichbehandlung gewahrt werden, möchte ich doch schwer in Zweifel ziehen. Denn natürlich haben auch die Prüfstellen ein gewisses Eigeninteresse daran, weiterhin von den Führerscheinbehörden mit zahlender Kundschaft versorgt zu werden.

Die Behörde legt schon bei der Aufforderung an den Klienten, sich einer medizinisch psychologischen Begutachtung zu unterziehen, ein Adressverzeichnis mit möglichen Anbietern in der Region bei. Hierdurch entsteht der Eindruck, dass sowohl auf behördlicher Seite, als auch von den vermeintlich unabhängigen Stellen, möglichst alle Register gezogen werden, um dem Klienten seine eigene Ohnmacht, bzw. die Macht des Gesetzes, zu demonstrieren.

Ein wichtiger Faktor scheint auch der Parameter Zeit zu sein, denn dem Klienten soll ein möglichst langer Zeitraum „zum Nachdenken" über das eigene Fehlverhalten zugebilligt werden. Hierbei ist noch nicht mal das Delikt an sich entscheidend, also, ob der Verkehrssünder mit dem Fahrrad oder einem Kraftfahrzeug unterwegs gewesen ist. In meinem persönlichen Fall wäre es scheinbar besser gewesen, ich wäre mit 1,63 % nicht auf dem Rad, sondern im Auto gesessen. Denn der Umstand, dass ich mit dem Rad unterwegs war, bedeutet bei mir, dass sich von behördlicher Seite, laut Gutachterin, jene ominöse „sehr differenzierte Fragestellung" ergäbe.

Diese lautet nach Behördenbescheid, wie folgt:

1. FRAGESTELLUNG DER UNTERSUCHUNG

„Ist aufgrund der Hinweise auf Alkoholmissbrauch (Verkehrsteilnahme mit einem fahrerlaubnisfreien Fahrzeug-hier: Fahrrad) zu erwarten, dass der Beschuldigte auch zukünftig ein fahrerlaubnisfreies Fahrzeug unter Alkoholeinfluss führen wird und/oder liegen als Folge eines unkontrollierten Alkoholkonsums Beeinträchtigungen vor, die das sichere Führen eines fahrerlaubnisfreien Fahrzeuges in Frage stellen?"

„Falls ja, kann durch Auflagen oder Beschränkungen gewährleistet werden, dass Herr Timbuktu das Führen eines fahrerlaubnisfreien

21

Fahrzeuges und einen die Fahrsicherheit beeinträchtigenden Alkoholkonsum hinreichend sicher trennen kann?"

„Ist zudem gewährleistet, dass das Führen eines fahrerlaubnispflichtigen Kraftfahrzeuges der Gruppe 1/2 und ein die Fahrsicherheit beeinträchtigender Alkoholkonsum getrennt werden kann?" (Fr. R., Medizinisch – Psychologisches Gutachten 23.10.2018, Blatt 3)

Der Umstand, dass der Radfahrer, im Gegensatz zum Autofahrer, auch auf die Fahreignung von führerscheinfreien Fahrzeugen überprüft wird, steht diametral zu meinem Verständnis von Gleichbehandlung. Diese Finesse, die sich irgendwelche Fachleute, vermutlich Juristen und Verkehrspsychologen, im Verkehrsministerium ausgedacht und dann als Gesetz beschieden haben, entzieht sich jeglicher Logik. Vielmehr führt es die Gesamtuntersuchung, ihren Anlass und auch die Durchführung, objektiv betrachtet, in ein absurdes Licht. Möglicherweise ist diese Vorgehensweise dem Umstand geschuldet, dass immer weniger Autofahrer alkoholisiert im Straßenverkehr unterwegs sind, jedoch eine gewisse Quote an Verkehrssündern schon von der Polizeiseite aus notwendig ist, um sowohl die Arbeitsplätze in den Behörden, der Polizei, den Führerscheinstellen, als auch von den „unabhängigen halbstaatlichen Prüfstellen" zu sichern.

Die Fragen der Führerscheinstelle werden aus meiner Sicht von Seiten der Prüfstelle (TÜV) nur sehr laienhaft beantwortet und sind reine Interpretation. Die Psychologin stützt sich auf reine Mutmaßungen, die sie wissenschaftlich nicht belegt. Es fehlen wissenschaftliche Mindeststandards beim Zitieren, die jedem Studenten bei der Abgabe einer Hausarbeit bzw. Abschlussarbeit zum Verhängnis werden würden. Zitate müssen, nach allgemein gültigen Regeln, in Anführungszeichen gesetzt werden und es muss am Ende des Zitats die Quelle kenntlich gemacht werden. Beziehungsweise wird die Stelle durch eine Fußnote gekennzeichnet und am Seitenende die Fußnote mit der entsprechenden Quelle benannt.

Die Verfasserin des Gutachtens hat alle allgemein üblichen Formen des Zitierens vermissen lassen. Einfachste Regeln der Kennzeichnung von Quellen wurden missachtet. Eine solche Vorgehensweise widerspricht üblichen wissenschaftlichen Standards, die schon Schülern beim Anfertigen ihrer Facharbeit abverlangt werden. Hätte ich meinen Friseur beauftragt, das Gutachten zu verfassen, wäre womöglich in fachlicher Hinsicht ein nicht unähnliches Ergebnis erzielt worden. Nicht, dass ich der Zunft der Friseure zu nahetreten möchte! Hieraus also stellt sich die Frage, ob die fachlichen Leitlinien eingehalten werden oder die Gutachter vielmehr nach eigenem Gutdünken verfahren und mit Hilfe ihrer unwissenschaftlichen Arbeitsweise die Klienten bewerten.

Die Prüferin zitiert einmal vage: „Somit ist bei Herrn Timbuktu von einem Alkoholmissbrauch gemäß 'Begutachtungsleitlinien zur Kraftfahreignung', Kap. 3.13.1 auszugehen, bei dem ein die Fahrsicherheit beeinträchtigender Alkoholkonsum und das Führen eines Kraftfahrzeuges nicht sicher getrennt werden können". (Fr. R., Medizinisch – Psychologisches Gutachten 23.10.2018, Blatt 13)
Weiter führt sie an: „Unter Berücksichtigung von §3 der FeV in Zusammenhang mit §11 Satz 1 und der Anlage Punkt 8.1 der FeV kann aber ebenfalls davon ausgegangen werden, dass aufgrund des vorliegenden Missbrauchs bei Herrn Timbuktu auch die Voraussetzungen zum Führen eines fahrerlaubnisfreien Fahrzeugs nicht erfüllt sind". (ebd.)
Woraus sie diese Erkenntnisse zieht, erschließt sich mir nicht.

Zudem widerspricht es ihrer eigenen Aussage in der Gesamtbefundlage, wo sie weiter schreibt: „nach fachlichen Kriterien ergeben sich weder verdichtende Hinweise auf das Vorliegen einer Alkoholabhängigkeit noch auf das Vorliegen eines so stark ausgeprägten Alkoholmissbrauchs, dass ein dauerhafter Alkoholverzicht zu fordern wäre.
Es muss jedoch von mindestens einer Alkoholgefährdung ausgegangen werden, die sich in überdurchschnittlich gesteigerter

23

Alkoholgewöhnung und unkontrollierten Trinkepisoden äußerte (wie beispielsweise am Tag der Trunkenheitsfahrt), welche genauso gut zu einer Verkehrsteilnahme mit einem fahrerlaubnispflichtigen Kraftfahrzeug führen können." (ebd.)

Hier frage ich mich schon, worauf sie diese Aussage gründet. Es scheint mir dies eine subjektive Einschätzung ihrerseits zu sein.

„Insbesondere wurde nicht erkennbar, dass es sich bei der Verkehrsteilnahme mit einem fahrerlaubnisfreien Fahrzeug um eine konkrete Strategie zum Vermeiden des Führens eines fahrerlaubnispflichtigen Kraftfahrzeuges gehandelt hat. Vielmehr wurde ein Kontrollverlust hinsichtlich der Entscheidung, das Fahrzeug zu führen, erkennbar." (ebd.)

Diese Aussage widerspricht ihren eigenen Aufzeichnungen, wo die Aussage getroffen wird, „Auto fahre er nicht, wenn er getrunken habe." (Fr. R., Medizinisch – Psychologisches Gutachten 23.10.2018, Blatt 9)

Auf die folgende Frage, „Restalkohol beim Autofahren?":
„Das könne er ausschließen, da er nicht mit Restalkohol fahre. Er fahre am nächsten Tag kein Auto. In Verbindung mit einer weiteren Aussage aus dem Interview, ob er vorgehabt habe, mit dem Fahrrad nach Hause zu fahren? Ja." (ebd.)

Hier wird aus meiner Sicht deutlich, dass es sich sehr wohl um eine konkrete Strategie zum Vermeiden des Führens eines fahrerlaubnispflichtigen Kraftfahrzeuges gehandelt hat.

Das Problem ist, dass die Interviews momentan nur auf freiwilliger Basis der Gutachtenstelle mitgeschnitten werden dürfen. So kann der Prüfer in seinem Protokoll im Prinzip reinschreiben, was er will, da es am Schluss auch nicht gegengezeichnet werden muss. Auch wenn die Prüferin niederschreibt, dass es abschließend eine vorläufige Sachstandsmitteilung gab. Hier hat sie mir nur eröffnet, dass sie aufgrund der Fragestellung der Führerscheinstelle gar keine andere Wahl hätte, als das Gutachten negativ zu bewerten. Danach beendete sie das Gespräch, angeblich mit meinem Einverständnis.

Weiter gibt sie mir den guten Ratschlag mit auf den Weg, mich vor der nächsten MPU auf alle Fälle unter Vorlage dieses Gutachtens an eine verkehrspsychologische Einrichtung zu wenden. Dort solle ich an einer, von qualifizierten Diplom Psychologen bzw. M.Sc.-Psychologen geleiteten, verkehrspsychologisch fundierten Maßnahme teilnehmen. Denn heutzutage würde es viele unseriöse Angebote geben, möglicherweise sogar von ehemals abhängigen Betroffenen.

Der Erfolg der empfohlenen Maßnahme müsste dann in einer erneuten medizinisch psychologischen Untersuchung abgesichert werden. Eine entsprechende Teilnahmebescheinigung sollte bei der erneuten Begutachtung vorgelegt werden können.

Es stellt sich für mich die Frage, ob hier die branchenübliche Geldmaschinerie in Gang gesetzt werden soll, aber auch, wie sich möglicherweise die Arbeit mit den geschätzten Berufskolleginnen der Fr. R gestaltet, die ja aufgrund ihrer Ausbildung auch qualifiziert sein müssten.

Meine anfängliche Vermutung, dass es letztendlich nur auf das psychologische Gespräch ankommt, haben sich bestätigt. Der Prüfling ist der Allmacht des Prüfers ausgeliefert, jedoch nicht wie in anderen Prüfungssituationen im Leben, bei denen es auf meine persönliche Vorbereitung ankommt, sondern der rein subjektiven Meinung der Gutachterinnen. Sie orientieren sich an fragwürdigen statistischen Werten, die sie dann in ihrer Selbstherrlichkeit gegen dich verwenden. Das Prinzip TÜV-Gutachten besteht aus den Komponenten, möglichst viel Geld aus den Klienten zu pressen, weichkochen über einen möglichst langen Zeitraum und schlussendlich die Machtdemonstration durch eine Nicht-Angreifbarkeit der Gutachten.

Es zieht sich wie ein roter Faden durch das ganze Verfahren, „Du" sprich der Verkehrssünder, sollst möglichst kleingemacht werden und bereuen, hierfür sind alle Methoden recht. Die Behörden arbeiten Hand in Hand mit ihren Helfershelfern und verstecken sich hinter Anordnungen, gegen die der Bürger kein Veto einlegen darf oder kann. Weiter werden sonderbare Gutachten von staatlich anerkannten Gutachterstellen erlassen, gegen die es nur mit einem enormen Aufwand an Zeit und Geld möglich ist vorzugehen; wobei auch hier die Erfolgsaussichten sehr gering sind. Letztendlich bleibt dem Beschuldigten nichts anderes übrig, als sich einer neuen Begutachtung zu unterziehen, falls er seinen Führerschein wiedererhalten möchte. Die Alternative wäre, darauf zu verzichten und sich nicht vom staatlichen Gängel-Apparat bevormunden zu lassen. Jedoch ist diese Variante vermutlich für die meisten Beschuldigten eher ungünstig, da man in der Regel auf den Führerschein angewiesen ist. Zumindest wenn man in ländlicheren Regionen lebt.

Als Konsequenz aus den leidlichen Erfahrungen mit den Damen, beschließe ich für mich, mir nun einen Verkehrspsychologen für meine weitere MPU Vorbereitung zu suchen. Hiervon erhoffe ich mir eine differenziertere Sichtweise auf das Verfahren zu erlangen.

Der steinige Weg der Verkehrstherapie

Im Internet bin ich auf einen männlichen Psychologen im näheren Umkreis, ca. 40 km von meinem Wohnort, gestoßen, der seine Dienste anbietet. Am Telefon macht er einen sympathischen Eindruck und wir vereinbaren ein Erstgespräch für den Freitag in zwei Wochen. Das Gespräch soll 100 Euro kosten, danach sieht man weiter. An dem besagten Freitag stehe ich um 8:50 Uhr vor seinem Haus. Natürlich möchte ich nicht zu früh da sein, deshalb warte ich bis 8:57 Uhr. An der Tür empfängt mich ein freundlich wirkender Mittsechziger. Er geleitet mich ins Kellergeschoss seines Hauses in seinen Sitzungsraum. Wir nehmen Platz und er erläutert mir, was wir am Telefon besprochen hatten. Er stellt mir kurz die AFN (Gesellschaft für Ausbildung, Fortbildung und Nachschulung e.V.) vor, für die er arbeitet; eine überregional tätige Vereinigung mit Sitz in Köln.

Ich habe für heute mein Negativgutachten dabei, das wir gemeinsam anschauen wollen. Hiermit beginnen wir, er kommentiert mehrere Passagen aus dem Gutachten. Zwischenzeitlich streut er immer wieder Beispiele ein, die mir die Sicht des Verkehrspsychologen näherbringen sollen.

Im Laufe des Gesprächs eröffnet er mir, sein Ansatz wäre, bei mir eine Verhaltensänderung zu erreichen, anstatt mich für das Schmierentheater MPU fit zu machen. Ich entgegne ihm, dass ich mir nicht sicher sei, ob ich tatsächlich eine Verhaltensänderung in Bezug auf meinen Alkoholkonsum anstrebe. Wenn, dann könne doch das Ziel, Delikt bezogen, mein Alkoholkonsum in Verbindung mit Radfahren sein. Hierauf geht er nicht näher ein.

Zwischenzeitlich schaue ich auf die Uhr. Es ist schon kurz vor Zehn. Wenn er die Stunde jetzt beendet, komme ich nicht wieder. Allerdings nimmt er sich dann tatsächlich Zeit für das Gespräch. Gegen Ende schlägt er vor, 5 Stunden für intensivere Gespräche zu vereinbaren. Ich erkläre mich einverstanden, da mir ja klar ist, dass ich Unterstützung für den nächsten Anlauf (MPU) gebrauchen kann. Es wird ein kurzer Kontrakt geschlossen. In zwei Wochen werden wir uns für eine Doppelstunde treffen.

In der übernächsten Woche bekomme ich dann tatsächlich meinen Bescheid von der Führerscheinstelle, dass ich ab diesem Zeitpunkt, sowohl die Entziehung der Fahrerlaubnis als auch das Führen von fahrerlaubnisfreien Fahrzeugen untersagt bekomme. Als ich das Schreiben in Händen halte, wird mir der ganze Wahnsinn sehr deutlich. Ich merke, wie es mit meiner Psyche in den Keller geht. Ich verspüre ein Gefühl von Hilflosigkeit, Ausgeliefertsein und sehr viel Wut gegenüber den Behörden und ihren Helfern.

Es war Mittwoch, noch zwei Tage bis zum Folgetermin beim Verkehrspsychologen. Seine Worte, beim nächsten Treffen steigen wir tiefer ein, klangen noch wohltuend nach.

Freitagmorgen stehe ich wieder kurz vor neun Uhr vor seiner Praxis.

Diesmal brauchte ich einen Chauffeur. Die Eingangsfrage des Psychologen lautete, ob ich noch selbst fahren dürfte, was ich verneinen muss. Ich war sehr gespannt, wie die Stunde verlaufen würde. Zu Beginn wiederholte er nochmals ein paar Feststellungen des Erstberatungsgespräches, die sich auf das Negativgutachten bezogen. Dann beschrieb er Situationen, die mir meine Lage verdeutlichen sollten. Jedoch hatte ich das Gefühl, die Beispiele treffen nicht wirklich auf mich zu. Er erzählte mir vom Handwerksmeister, der während der Woche unter so enormen Druck steht, dass er am Wochenende zum Ausgleich trinkt, um loslassen zu können. Ich bin handwerklich wenig begabt.

Im weiteren Gespräch sagt er mir durch die Blume, dass die angegebene Anzahl der getrunkenen Bier, nicht mit dem Promillewert einhergehen könnten. Dies hatten mir ja die sogenannten Fachleute bei der MPU auch unterstellt. Ich frage nach, ob er mir meine Aussage zur Trinkmenge nicht glaubt.
Worauf er mir versucht zu erklären, dass unsere Wahrnehmung uns ab und an täuschen würde. Hierfür bemüht er das Beispiel von Zeugenaussagen, die einen Täter im Nachhinein völlig unterschiedlich beschreiben, bzw. ihn gar nicht beschreiben können. Bei dieser Aussage spüre ich einen Widerstand in mir. Jetzt glaubt der mir scheinbar auch nicht und versucht, mich mit seiner Argumentation zu überführen. Ich weise ihn darauf hin, im Erstgespräch die Wahrheit gesagt zu haben. Worauf er mir lapidar antwortet, es wäre ihm letztendlich egal, wie viel ich an jenem Abend getrunken habe, jedoch müsse mir klar sein, dass sich die Prüfer bei der MPU an wissenschaftliche Fakten halten.

Diese Erkenntnisse wären in dem Buch, „Urteilsbildung in der Fahreignung Begutachtung – Beurteilungskriterien", Herausgeber: Deutsche Gesellschaft für Verkehrspsychologie (DGVP), Deutsche Gesellschaft für Verkehrsmedizin (DGVM), welches er kurz in die Hand nimmt, niedergeschrieben.

Der Wälzer scheint die Bibel der Verkehrspsychologen zu sein, an der sie sich sklavisch festhalten. Sowohl er, als auch ich merken, dass wir hier nur schwer weiterkommen. Deshalb nimmt er jetzt seinen Notizblock zu Hilfe und eröffnet eine Art Anamnesegespräch.

Er möchte gerne wissen, wie ich in welcher Geschwisterkonstellation bei meinen Eltern aufgewachsen bin, was die Eltern von Beruf waren und wie sie charakterlich sind, wie mein persönlicher Lebensweg verlaufen ist, Schul- und berufliche Bildung, Studium und meine momentane berufliche Tätigkeit.

Natürlich wollte er auch wissen, wann ich das erste Mal mit Alkohol in Berührung kam. Ich erzählte ihm freimütig vom ersten Vollrausch mit Berentzen Appel und dass ich dieses Zeug nie wieder angerührt habe. Jetzt sollte ich ihm noch ein Diagramm meiner Trinkgewohnheiten anhand meines Lebensalters aufzeichnen. Dieses Diagramm gestaltete sich, aus meiner Sicht, relativ jugendtypisch: in den Jahren zwischen 15 und 23 ansteigend, danach auf ein normales Maß zurück gehend, um dann bis heute etwa gleich zu bleiben. Nachdem ich hierüber Auskunft gegeben habe, möchte er wissen, in welcher Familienkonstellation ich derzeit lebe, wie das Verhältnis zu meiner Lebensgefährtin ist und ob wir uns ähneln oder eher gegensätzlich sind? Ich gebe ihm wahrheitsgemäß Auskunft, er hört sich meine Ausführungen an. Ich rechne mit ein paar sinnvollen Anmerkungen seinerseits, jedoch ist nun die Zeit schon so weit fortgeschritten, dass er mir nur noch ein paar Hausaufgaben für den nächsten Termin aufgibt:

Ich solle meine Trinkmotive zu Papier bringen und die Anlässe, zu denen ich in der Vergangenheit getrunken habe, aufschreiben.

Nun sage ich dem Psychologen, meine Erwartung sei gewesen, dass wir über diese Themen heute schon reden würden. Irgendwie hatte ich das Bedürfnis, ihm zumindest mitzuteilen, dass ich diese Aufgabe schon selbstständig in Vorbereitung auf den heutigen Termin erledigt hatte. So wollte ich ihm durch die Blume meine Unzufriedenheit bezüglich der heutigen Doppelstunde zeigen. Insgesamt hatte ich das Empfinden, wir kreisten immer wieder um die gleichen Themen, ohne für mich erkennbare Einsichten. Es stellten sich Gedanken ein, wie,

„das Gerede kostet mich 100 Euro die Stunde und bringt mir relativ wenig". Oder, „im nächsten Leben studiere ich Psychologie und verdiene mein Geld auf solch eine Art und Weise".

Ich ärgerte mich noch den ganzen Tag über das wenig gewinnbringende Gespräch. Die Erkenntnis, die ich mitnahm, war, dass ich wohl oder übel das Spiel mitspielen muss, um an mein Ziel, den Führerschein wieder zu bekommen, zu gelangen. Also beschloss ich für mich, in Zukunft nur das zu sagen, was von mir erwartet wird, auch wenn es gegen meinen Gerechtigkeitssinn geht. Nur so hatte ich überhaupt eine reelle Chance, mein Ziel zu erreichen. Es verhielt sich also genau so, wie ich es mir zu Anfang vorgestellt, bzw. befürchtet hatte, Asche auf mein Haupt und den Büßer geben. Klar, die ganze Führerscheinmaschinerie muss am Laufen gehalten werden.
Die Leute in der Führerscheinstelle brauchen eine Daseinsberechtigung. Ich vermute mittlerweile, dass es immer weniger Alkoholsünder gibt, die mit Autos auffällig sind, und deshalb ein besonderes Augenmerk auf die Radfahrer gelegt wird. Vielleicht müssen ja auch die Kollegen von der Verkehrspolizei eine gewisse Quote erfüllen.

Den großen Reibach machen dann die Nächsten in der Versorgungskette: Institute, die berechtigt sind, medizinisch psychologische Gutachten zu erstellen.
In der Regel betreiben sie, vom eigentlichen Institut abgekoppelt, Schulungszentren, in denen sie Vorbereitungskurse anbieten, mit denen sie nochmal, zusätzlich zu den völlig überhöhten MPU-Kosten, Geld abschöpfen. Für Vorbereitungskurse in der Gruppe zahlt man zwischen 600 und 800 Euro, für individuelle Vorbereitungsstunden im Paket rund 1000 Euro. Es ist also ein Markt, dem Tür und Tor geöffnet ist, die Verkehrssünder so richtig auszupressen. Denn natürlich beeinflusst es den Prüfer der bevorstehenden MPU, ob der Kandidat sich einem Vorbereitungskurs unterzogen hat oder nicht. Hat er, gibt es schon mal ein Plus auf der Habenseite, denn er zeigt sich als gefügig und unterwirft sich dem System.

Nach dieser neu gewonnen Erkenntnis, beschließe ich, mich auch dieser Farce unterzuordnen. Tue ich das nicht, würde es mir weiterhin Geld und Energie kosten und zu keinem Ergebnis führen.

Gut, wenn das der Job des Psychologen gewesen ist, dann hat er sein Ziel zumindest teilweise erreicht. Für unseren nächsten Termin habe ich die Hausaufgabe bekommen, meine Trinkmotive näher zu beleuchten.

Deshalb werde ich heute Abend einen Selbstversuch starten.

Ich werde eine Fete besuchen und habe mir vorgenommen, möglichst nüchtern zu bleiben. Da ich momentan das Verbot, auch Rad fahren zu dürfen, von Seiten der Behörde auferlegt bekommen habe, fahre ich selbstverständlich mit dem Stadtbus zur Party. Den Nachhauseweg werde ich zu Fuß bewältigen.
Auf der Fete angekommen, sondiere ich erst mal die Lage und beschließe, noch nichts zu trinken. Ich treffe ein paar Bekannte und unterhalte mich mit ihnen. Nach ca. 1 Stunde ordere ich eine Weinschorle, die das einzig alkoholische Getränk des Abends für mich sein soll, denn schließlich will ich mich ja selbst beobachten und Erkenntnisse für die kommende Stunde daraus ziehen. Die Weinschorle schmeckt erfrischend und erfüllt auch ihre Wirkung, d.h. sie wirkt ganz leicht euphorisierend. Mehr soll es an diesem Abend auch nicht sein, denn ich habe ja einen selbstauferlegten Auftrag zu erfüllen und bin ja immer noch kein Handwerker. Im Gegensatz zu anderen Abenden, an denen ich mehrere alkoholische Getränke in Folge konsumiere, trinke ich heute bewusster und auch langsamer, da ich ja möglichst lange das Getränk genießen möchte. Der Abend unterscheidet sich nicht wirklich von den anderen Abenden; ich treffe einige Bekannte und unterhalte mich mit vielen Leuten. Okay, das Gefühl vom berauscht sein ist merklich weniger, jedoch wirkt sich dieser Umstand nicht auf die Stimmung aus. Ich bleibe wie auch sonst relativ lange, bis zwei Bekannte mir anbieten, mich mit nach Hause zu nehmen. Gut, es ist drei Uhr, eigentlich keine schlechte Zeit um zu

gehen. Am nächsten Tag bringe ich meine Erfahrung gleich zu Papier. So kann ich diese in der folgenden psychologischen Sitzung einbringen.

Heute steht der nächste Termin beim Verkehrspsychologen an. Am Morgen, beim Ankleiden, überlege ich mir genau, was ich anziehe. Denn durch die Farbe der Kleidung lassen sich möglicherweise schon Rückschlüsse auf die momentane Verfassung schließen. So soll der Psychologe erkennen, dass ich mich seit der letzten Stunde mit der Thematik auseinandergesetzt habe. Diesmal möchte ich mich nicht wieder mit ihm in Grundsatzfragen verstricken, sonst kommen wir auch heute nicht weiter. Zudem möchte ich meiner neuen Strategie, „Ich, der reuige Sünder", gerecht werden. Hierfür wäre es kontraproduktiv, wieder in alte Verhaltensmuster zurück zu fallen. Ich wähle einen lilafarbenen Pullover, um den eingeschlagenen Weg auch farblich zu unterstreichen. Lila war, soweit ich mich an meine Tage als Messdiener erinnere, die Farbe der Buße. Sie steht für das Religiöse im Menschen, für Besinnung und Gebet, für Reue und Umkehr.
Jetzt hoffe ich, dass auch der Psychologe das zu deuten weiß und wir weiter am Thema arbeiten können, ohne wieder in endlose Wiederholungsschleifen zu geraten.
Um 9:45 Uhr kommen wir vor seiner Praxis an, Termin ist um 10 Uhr. Die viertel Stunde nutze ich, um mir einzuschärfen, heute nicht wieder in eine Verteidigungshaltung zu gehen, sondern Einsicht für mein Fehlverhalten zu zeigen.
Der Psychologe begrüßt mich freundlich an der Tür und wir begeben uns in seinen Praxisraum. Er möchte von mir wissen, wie die letzte Woche gewesen ist. Ich berichte ihm, dass es ganz gut gewesen sei. Ich sage ihm nicht, dass es mir nach unserem letzten Termin psychisch zwei Tage scheiße ging und ich deshalb für mich beschlossen habe, meine Strategie neu auszurichten.
Denn meine Befürchtung war, würde ich ihm diesen Umstand erläutern, würden wir zielstrebig die letzte Doppelstunde wiederholen. Den Gefallen werde ich ihm heute gewiss nicht tun, denn womöglich

vergeuden wir sonst die übrigen drei Stunden, die ich bei ihm gebucht habe, ohne zu einem Ergebnis zu kommen. Am Ende schlägt er dann vor, dass ich noch weitere Stunden nehmen solle.

Ein solcher Ablauf würde meiner Planung komplett widersprechen, weshalb Vorsicht geboten war.

Im Verlauf des Gespräches zählte der Psychologe unterschiedliche Situationen auf, welche mir verdeutlichen sollten, wie vielfältig Trinkmotive bei verschiedenen Klienten sein können.

Es folgt die leidige Geschichte vom Handwerksmeister, der am Wochenende mal loslässt vom Stress der Woche, indem er sich ordentlich was auf die Lampe gießt. Die Geschichte hatte ich schon beim letzten Treffen gehört und konnte sie immer noch nicht mit mir in Verbindung bringen. Dennoch versuche ich mich in die Situation einzufühlen und zeige die Bereitschaft zum Erkenntnisgewinn, vielleicht hilft's ja beim nächsten Ikea Regal. So signalisiere ich dem Berater aber auch eine positive Rückmeldung für seine geleistete Arbeit. Dies scheint funktioniert zu haben, denn er fragt nun nach meiner Hausaufgabe, die er mir letzte Woche aufgegeben hat und die ich auch bereitwillig erledigt habe. Ich habe im Vorfeld ein schönes Schaubild mit zwei Männchen gezeichnet. Einmal „Ich nüchtern" und einmal „Ich alkoholisiert". Die beiden standen sich gegenüber mit unterschiedlichen Beschreibungen. Die Ausführung meiner Hausaufgabe hat ihm scheinbar gefallen, denn durch diese Methode sind wir tiefer ins Thema gekommen (so, wie ich mir dies schon beim letzten Mal gewünscht hätte). Ich habe das Gefühl, dass mir die Annäherung auf diese Art und Weise bei der Auseinandersetzung mit der Thematik hilft.

Zumindest habe ich heute ein wesentlich besseres Gefühl, als vergangene Woche. Im Verlauf des Gespräches wird noch erörtert, was meine Trinkmotive mit meiner Vergangenheit beziehungsweise meinem Lebensweg zu tun haben könnten. Als Lösungsvorschlag empfiehlt er mir, die Seiten des „alkoholisierten Ich's" auch auf die Seite des „nüchternen Ich's" zu verlagern. Ich solle z.B. lockerer zu sein, dadurch auch kommunikativer oder mal so richtig Fünf gerade sein lassen. Dieser Vorschlag hört sich gut an, ich nehme mir vor, es in nächster Zeit mal auszuprobieren. Heute gehe ich ganz zufrieden aus der Beratungsstunde. So hatte ich mir das vorgestellt; eine Handlungsanweisung an die Hand zu bekommen, mit der man etwas anfangen kann.

Für das nächste Mal soll ich einen Fragebogen beantworten.
Hierbei handelt es sich um Fragen, die möglicherweise bei der MPU abgefragt werden. Als ich die Fragen zu Hause durchlese, wird mir etwas bange. Es überkommen mich Gedanken, wie „hoffentlich bekomme ich das hin". Offen gestanden, habe ich momentan eher Bedenken, dass mir das tatsächlich gelingt. Dennoch versuche ich die Fragen durchzuarbeiten, so dass ich in der nächsten Stunde die Schwierigkeiten besprechen kann.

Heute morgen bin ich mit dem Gefühl aufgewacht, dem TÜV Thüringen, bei dem ich mein erstes Gutachten in Auftrag gegeben hatte, eine Rezession auf seine Seite schreiben zu müssen. Ich glaube mich zu erinnern, dass es eine Möglichkeit gab, eine Bewertung direkt auf der Homepage abzugeben. Als ich jedoch auf der Seite des TÜV Thüringen bin, kann ich keine Bewertungsfunktion finden. Naja, das hätte ich mir bei dem Verein auch denken können. Würde es eine solche Funktion geben, würden sich hier wahrscheinlich nur vernichtende Urteile finden, beziehungsweise, wenn positive, dann nur die, die der Seitenbetreiber selbst geschrieben hätte.

Also beginne ich zu recherchieren. Ich stoße auf den Deutschen Bußgeldkatalog 2018. Hier finde ich interessante Aussagen zum Thema MPU: scheinbar sind sich selbst die Experten nicht einig darüber, ob bei einer BAK von 1,6 bzw. 1,7 Promille die MPU angeordnet werden muss. Hier stellt sich für mich die Frage, welcher Wert tatsächlich bindend ist. Ich kopiere die Passage mit Quellenangabe, um sie meinem Anwalt zu übermitteln. Vielleicht kann dieser hiermit etwas anfangen.
Weiter stoße ich auf schwammige Aussagen zur absoluten

Fahruntüchtigkeit. Zur Feststellung der absoluten Fahruntüchtigkeit genügt der Nachweis einer bestimmten Blutalkoholkonzentration des Fahrers, ohne dass weitere Anzeichen unsicherer Fahrweise vorliegen müssen. Die Blutalkoholkonzentration von 1,1 Promille ist derzeit die „absolute Grenze" bei Kraftfahrzeugen. Für Radfahrer und Elektrorollstühle liegt sie bei 1,6 Promille und, interessanterweise, für Schiffsführer bei 1,7 Promille. Womöglich gibt es eine Korrelation „natürlicher Wellengang" zu „positive Stimulierung des Gleichgewichtsinns", die sich günstig für den Schiffsführer auswirken. Jedoch konnte ich keine gesicherten wissenschaftlichen Belege für eine solche Studie finden.

Inzwischen hatte ich eine weitere Stunde mit meinem Verkehrspsychologen verbringen dürfen. Ich hatte ja die Hausaufgabe, mich noch einmal mit Fragen zur MPU zu beschäftigen. Eigentlich rechnete ich damit, dass diese in der heutigen Stunde von uns angeschaut würden. Stattdessen ging er nochmal auf das Thema der letzten Stunde ein. Da hatten wir die Unterschiede zwischen dem „normalen Ich" und dem „alkoholisierten Ich" herausgearbeitet. Ich traue mich nicht, ihn in seinem Redefluss zu unterbrechen, wegen der Befürchtung, zu viel der begrenzten Zeit zu zerreden. Er geht nochmals auf die Unterschiedlichkeiten des „Ichs" ein. Er gibt mir noch Kopien von Auszügen einiger Fragen aus seiner Verkehrspsychologen-Fibel.
Somit endet die Stunde, ohne jegliche Information zu Handwerkergewohnheiten.
Ich mache Hausaufgaben.
An den Beispielen kann man deutlich herauslesen, wie schwierig es ist, die gewünschten Antworten auf die Fragen der Psychologen zu finden. In den Fragestellungen sind permanent Kriterien enthalten, die zu einem Negativgutachten führen können. Diese Klippen zu umschiffen, erscheint mir eine relativ schwierige Aufgabe zu sein, denn im Prinzip können die Antworten immer unterschiedlich interpretiert werden. Die Fragen so zu beantworten, dass sie vom Gutachter positiv gewertet werden, dürfte einer Gratwanderung

gleichkommen.

Die Möglichkeit negativ begutachtet zu werden, erscheint durch die vorhandenen „K-Kriterien" um ein Vielfaches höher. K-Kriterium steht für „Kursauflage", soll heißen, der Klient wird negativ begutachtet, jedoch bekommt er unter der Auflage eines Trainingskurses seinen Führerschein zurück.

Dieser Trainingskurs, wer hätte es auch anders vermutet, kostet natürlich auch wieder einige hundert Euro und ist mit einem erheblichen Zeitaufwand verbunden. Aber klar doch, die Gilde der Anbieter verkehrspsychologischer Gutachten versucht natürlich, immer neue Erwerbsquellen zu generieren. Dies wird deutlich beim Lesen der Gutachterkriterien. Zu jeder gestellten Hypothese kommen bis zu achtzehn Antworten, die zu einem K-Kriterium führen können, in Betracht. Zusätzlich gibt es dann auch noch Kontraindikationen, die zu einem Negativgutachten ohne K-Kriterium führen. Das heißt, der Klient ist komplett durchgefallen und muss sich noch einmal begutachten lassen. Selbst der Dümmste wird erkennen, dass die Wahrscheinlichkeit negativ begutachtet zu werden, relativ groß ist.

Aus diesen gewonnenen Einsichten kann ich jedem nur raten, nicht ohne Vorbereitungskurs bzw. individueller Beratung in eine MPU Untersuchung zu gehen. Die Fallstricke, die für den „Verkehrssünder" gespannt werden, sind undurchschaubar und mit reinem Menschenverstand kommt man hier oft nicht weiter. Was natürlich auch am Wirrwarr der Argumentationsketten, die von der Verkehrspsychologie angeführt werden, liegt. Beispielsweise, dass bei gesellschaftlichen Anlässen ein Alkoholwert von 0,5 - 06 Promille im Toleranzbereich liegen würde. Derjenige, der einen höheren Promillewert erreicht, wäre per se im Verdacht, missbräuchlichen Alkoholkonsum zu betreiben.

Diese Erkenntnis gehe aus wissenschaftlichen Studien hervor, bei denen die Probanden alleine in einem Zimmer saßen und soviel Alkohol zu sich nehmen sollten, bis sie sich betrunken fühlten. Die Probanden hörten in der Regel bei einem Promillewert von 0,5 – 0,6 Promille mit dem Trinken auf. Diese Versuchsreihe erscheint mir viel zu konstruiert und nicht mit dem realen Leben vergleichbar. Bei einem solchem Experiment würden wohl die meisten Probanden nach einem Bier bzw. spätestens nach zwei Bieren mit dem Trinken aufhören. Diese Versuchsanordnung ist doch völlig weltfremd und für jeden, der Trinksituationen aus dem „echten" Leben kennt, nicht nachvollziehbar. Hier frage ich mich schon, was diese angeblich wissenschaftlichen Erhebungen für eine Aussagekraft haben sollen. Klar ist, dass auch Wissenschaftler ein Interesse an persönlichen Erfolgen, sprich Veröffentlichungen für die eigene Reputation, haben. Es liegt in der Natur der Wissenschaft, dass der Wissenschaftler neue Erkenntnisse veröffentlichen muss, um in seinem Forschungsbereich weiterzukommen. Für mich sind die Erkenntnisse der Studie, die aus den 80er Jahren des letzten Jahrhunderts stammt (und laut meines Psychologen von einem Professor Schmidt durchgeführt wurde), nicht wirklich aussagekräftig und äußerst fragwürdig.

Läuterung?

Aus der zeitlichen Distanz betrachtet, muss ich zähneknirschend zugeben, dass die sogenannte Verkehrstherapie einen gewissen Wirkfaktor auf meine persönlichen Trinkgewohnheiten hat. Wenn ich heute abends unterwegs bin, überlege ich bei jedem Bier, ob ich es jetzt trinke oder besser nicht. Scheinbar hat die gebetsmühlenartige Wiederholung des immer gleichen Mantras bei mir tatsächlich einen Lernprozess in Gang gesetzt. Auch wenn ich zeitweise innerlich gekocht habe und versucht war, ihm doch mal den Hinweis zu geben, dass er mir die eine oder andere Geschichte von ehemaligen Klienten jetzt schon mehrfach erzählt hatte.

Dies verbot mir meine Kinderstube, dennoch ärgerte ich mich darüber. Ich dachte, was haben seine doofen Geschichten mit mir zu tun? Nichts! Seine Taktik war wohl, den Klienten, also mich, mit den immer gleichen Storys weich zu kochen. Als Laie stellt man sich ja unter einer Therapie etwas Geheimnisvolles vor, das es in der Realität dann gar nicht ist. Da fehlt es schon an den nötigen Zauberformeln und dem ganzen übrigen Hokuspokus. Gezaubert wird nicht.

In der Realität arbeitet man beharrlich mit gesprächstherapeutischen Methoden an einer Verhaltensänderung seines Gegenübers. Zwangsläufig kamen bei mir Gedanken wie „so würde ich mein Geld auch gerne verdienen: im Sessel zurücklehnen und immer die gleichen Geschichten wiederholen" beziehungsweise „im nächsten Leben werde ich Verkehrspsychologe; easy Job" auf. Zu seiner Ehrenrettung muss ich sagen, sein Einfluss hat scheinbar gewirkt. Zudem hat er bei den Therapiestunden nie auf die Uhr geschaut und meistens sogar überzogen. Von diesem Gesichtspunkt aus kann ich seiner Aussage, „ich möchte die Leute nicht für das Schmierentheater MPU coachen, sondern eine Verhaltensänderung bei ihnen bewirken", glaubhaft folgen. Bei der letzten Sitzung spielten wir noch einmal eine fiktive MPU-Untersuchung durch und ich konnte alle mir schwierig erscheinenden Situationen mit ihm klären. Jetzt hoffe ich, ausgestattet mit dem Zertifikat über die abgeleistete Verkehrstherapie, bei der nächsten Untersuchung bestehen zu können.

Der zweite Anlauf

Vor zwei Wochen hat mein Anwalt die schriftliche Bitte, meine Akte an ein unabhängiges MPU Institut weiterzuleiten, an die Fahrerlaubnisbehörde gestellt. Bis heute habe ich noch keine Nachricht von dem von mir gewählten Institut bekommen. Zwischenzeitlich hatte ich dort telefonisch nachgefragt, jedoch wurde mir erklärt, sobald die Akte eingegangen sei, würden sie sich bei mir melden. Dann müsse ich als erstes den Untersuchungsbetrag überweisen, bevor es zu einer genaueren Terminabsprache kommen kann.

Mein Gefühl sagt mir, dass das Landratsamt alle Zeit der Welt hat und sich nicht genötigt sieht, meine Akte schnell zu verschicken. Eine gewisse Brisanz hat die Angelegenheit insofern, als dass ich durch meinen Anwalt einen Widerspruch gegen den Führerscheinentzug beantragt habe, diesen jedoch nur mit einem positiven Gutachten stützen kann. Natürlich ist dies den Behördenmitarbeitern auch klar und sie können getrost ihren Einfluss geltend machen. Das Ganze ist nach wie vor ein richtiges Scheißspiel, denn die Behörde kann dich am ausgestreckten Arm verhungern lassen. Mal sehen, wie lange sie diese Schikanen mit mir weiter betreiben.

Bei solchen Aussichten kommst du zwangsläufig ins Grübeln und überlegst, ob ein Schritt wie der Widerspruch zielführend gewesen ist. Laut meines Anwaltes ist es jedoch auch die einzige Möglichkeit, um möglicherweise einen dauerhaften Eintrag im Verkehrsregister zu vermeiden. Wenn du den Eintrag bekommst, steht dieser für zehn Jahre in deinem Verkehrsregister. In dieser Zeit darfst du dir nichts zu Schulden kommen lassen. Beispielsweise könnte bei einem von der Polizei beobachteten Fahrfehler auf dem Fahrrad unter einer geringen Menge von 0,3 Promille Alkohol die nächste MPU anstehen. Allein der Gedanke daran lässt einen nur ungläubig den Kopf schütteln und erschauern. Jedoch bin ich nach den Erfahrungen des letzten halben Jahres auf alles gefasst.

Es scheint bei den Behörden ein unerschöpfliches Instrumentarium zu geben, um kriminellen Fahrradfahrern das Handwerk zu legen. Denn deren unverantwortliches Verhalten gegenüber anderen Verkehrsteilnehmern muss strengstens geahndet werden.

Im Vergleich stellt sich mir schon die Frage, wie es sich hier bei unserem allseits beliebten Bundesverkehrsministers Andreas B. Scheuer mit dem gesunden Menschenverstand verhält, den er ja so gerne beschwört, wenn es um das Verhindern eines Tempolimits auf deutschen Autobahnen geht.

Denn diese noch so abstrusen Regelungen zur Strafverfolgung alkoholisierter Fahrradfahrer werden doch wohl auch in seinem vor gesunden Menschenverstand strotzenden Ministerium erlassen. Nun gut, ob ein Verkehrsminister Scheuer oder sein Vorgänger Alexander Dobrindt: bei beiden scheint nicht die Fachkompetenz ausschlaggebend für den Posten gewesen zu sein.

Gestern teilte mir mein Anwalt mit, dass er einen Anruf des Leiters der Führerscheinstelle bekommen hat. In diesem Telefonat wurde ihm mitgeteilt, die Behörde würde meinem Antrag auf eine weitere Begutachtung, den ich vor drei Wochen gestellt hatte, nachkommen. Ich bekundete meinem Anwalt gegenüber, überrascht zu sein, dass sie meinem Wunsch innerhalb dieses Zeitraumes nachgekommen sind.
Gut, der Anwalt kann auch nichts dafür, jedoch werde ich in meinem Denken, „dass man den Behörden willkürlich ausgeliefert ist", mehr als bestärkt. In den vergangenen Monaten konnte ich ein gewisses Verständnis für Eskalationen entwickeln, in denen sich Bürger zu übergriffigen Handlungen gegenüber Behördenmitarbeitern haben hinreißen lassen.
Ein Bekannter, der dem pazifistischen Milieu zuzuordnen ist, kam vor ein paar Jahren in eine ähnliche Situation. Er erzählte mir von Gewaltphantasien, die ihm zu dieser Zeit durch den Kopf gingen. Ich denke, wenn der Staat durch derartige Erziehungsmaßnahmen ein Klima der Unterdrückung schafft, braucht er sich nicht über die Saat,

die daraus erwachsen kann, wundern.

Meine bisherige Erfahrung in dieser ganzen Misere ist, dass du dich klein machen musst und zusätzlich am besten noch einige Fuhren Asche auf dein Haupt streust. Nur so ist es überhaupt möglich, aus diesem staatlich verordneten Wahnsinn halbwegs unbeschadet herauszukommen.

Der „Rechtsstaat" und seine Vertreter versuchen dich in jeglicher Form zu maßregeln. Wenn du in deren Fänge geraten bist, werden sie dich mit allen Mitteln zur Strecke zu bringen. Wäre „Waterboarding" nicht als Foltermethode geächtet, würden sie vermutlich auch solche Methoden einsetzen, um ihre Ziele zu erreichen.

Deshalb kann ich jedem, der sich in einem ähnlichen Prozess befindet, nur sagen, dass Widerstand zwecklos ist. Mit einer ehrlichen, klaren Haltung, kommt man sehr schnell an seine Grenzen - nicht nur in psychologischem, sondern auch im finanziellen Sinne. Deshalb kann ich „Euch da Draußen" nur empfehlen, dieses Schmierentheater mitzuspielen, wenn ihr eure Fahrerlaubnis wiedererlangen wollt. Ansonsten werden sie immer neue Argumente finden, weshalb du nicht bzw. noch nicht geeignet bist, auch in Zukunft Fahrzeuge und führerscheinfreie Fahrzeuge zu führen.

Deine bisherigen Ansichten über die Teilnahme am Straßenverkehr mit einem Fahrrad werden auf den Kopf gestellt.

Ich bin nicht alleine

Heute Vormittag schreibt mir eine Kollegin eine Nachricht mit dem Anhang eines Artikels aus der Wochenzeitung „Die Zeit". Da ich den Artikel aufgrund des Fotos nur schwer lesen kann, besorge ich mir die Ausgabe am nächsten Tag. Verfasser ist ein gewisser Zé do Rock; ein brasilianischer Schriftsteller, der seit den 1990er-Jahren in München und Stuttgart lebt. Sein Artikel spricht mir aus der Seele. Ihm erging es ganz ähnlich wie mir. Er hatte exakt einen Blutalkoholwert von 1,63 Promille zur Tatzeit. Sein Vergehen war, dass er in diesem Zustand mit dem Rad unterwegs gewesen ist und dabei stürzte. „Dies geschah vor den wachen Augen einer Polizeistreife, die ihn in Folge dessen einer Atemalkoholkontrolle unterziehen wollte. Dazu kam es nicht, er fiel wieder hin, diesmal auf den Hinterkopf. Beim Sturz hat er sich erhebliche Kopfverletzungen zugezogen und ist erst im Krankenhaus wieder zu Bewusstsein gekommen. Aus dieser Situation entwickelte sich eine endlose Odyssee durch den Dschungel der MPU-Vorbereitung und Begutachtungen von sogenannten Gutachtern. Es wird auch darüber berichtet, dass es den MPU-Stellen wegen häufigen Missbrauchs verboten wurde, selbst Kurse zu halten, was ja ein Gelddruckmaschine per se war, und die jetzt einfach Firmen gründeten, die diese Dienstleistung anbieten. Weiter hat sich eine neue Einnahmequelle in den sogenannten EtG-Abstinenztests aufgetan. In diesem Test wird in Haaren und Urin nach Spuren von Ethylglucuronid gefahndet, ein direktes Abbauprodukt von Alkohol. Dieser Test soll die Abstinenz des Straftäters beweisen und nur so kann er durch jahrelange Tortur seinen ersehnten Führerschein zurückerlangen. Der Autor beschreibt schön, in eine privatisierte Löwenhöhle geworfen zu sein, in einem rechtsfreien Raum, in dem Staatsanwalt und Richter eine Person sind, Rechtsanwälte gibt es keine, und jeder Versuch, sich zu verteidigen, gilt als mangelnde Krankheitseinsicht. Jedes negative Gutachten verdoppelt oder auch verzehnfacht die Einnahmen. Das ist höchst unmoralisch und antidemokratisch. Damit die exekutierenden Kräfte nachts dennoch schlafen können, gibt es die moralische Allzweckausrede: Alles dient unserer Sicherheit. Sicherheit wird zur neuen Religion, diese MPU-Religion kommt ohne Gott aus, aber nicht ohne Teufel, den Alkohol. Die Sünde ist nicht mehr das Trinken und Fahren, sondern allein das Trinken, wie in Saudi-Arabien. Die zu Bestrafenden sind kranke Schädlinge, für die man nichts übrighaben kann als Verachtung." (Zé do Rock, „Recht & Unrecht" *Die Zeit*, 21.02.2019)

Zweiter Versuch

So, heute war ich bei meiner zweiten MPU in Nürnberg. Mein Eindruck ist ganz positiv. Der Arzt, ein Mann um die sechzig, war ganz entspannt und freundlich. Er war mir sehr zugewandt und führte ein offenes Gespräch auf Augenhöhe. Er erzählte, dass er von Haus aus Chirurg sei und diese Profession ja diametral zur Psychologie stünde. Auf alle Fälle schaffte er es in kürzester Zeit, eine gewisse Vertrautheit herzustellen. Im Hinblick auf mein Delikt legte er offen, mit Sicherheit einige Male in seinem Leben mit mehr als 1,6 Promille Fahrrad gefahren zu sein. Ob ich ihm dies glaube oder nicht, lasse ich hier mal offen.

Die Atmosphäre während der Untersuchung war das Gegenteil von dem, was ich bei der ersten MPU mit der Ärztin des TÜV Thüringens erlebt habe. Diese vermeintliche Fachärztin für Psychiatrie und Neurologie könnte sich gut und gerne etwas bei ihrem Kollegen, der aus einem fremden Fachgebiet kommt, abschneiden. Hier kann man deutlich erkennen, dass ein Fachgebiet aus einer Fachfrau eine Fachidiotin machen kann.

Gut, die erste Hürde fühlte sich ganz gut an. Als nächstes wurde ich aus dem Wartezimmer für die Computer Testung von einer freundlichen jungen Dame aufgerufen. Das Spiel kannte ich ja auch schon, gestern Abend habe ich nochmal ein paar Tests online geübt. Kann ich jedem nur empfehlen, man findet sie kostenlos im Netz. Zumindest ist es ganz gut, vorab schon mal gesehen zu haben, was auf einen zukommt. Auch wenn ich die psychophysischen Testverfahren in ihrer Gänze als unerheblich für den Ausgang der MPU halte. Eine gewisse Nervosität beim Test kann ich nicht leugnen. Schwierig ist es, wenn man während des Tests die eigenen Fehler wahrnimmt, jedoch weiter dranbleiben muss, um den Test nicht völlig an die Wand zu fahren. Heil froh bin ich, als der erste vierminütige Reaktionstest vorüber ist. Der zweite Test ist eine Wahrnehmungsübung, bei dem einen 21 Verkehrssituationen vor Auge geführt werden und man beschreiben muss, was man gesehen hat. Dieser Test ist meinem Empfinden nach der einfachere.

Das Gespräch beim Psychologen war diesmal auch wesentlich entspannter als bei der ersten MPU. Das kuriose ist, dass ich diesmal log, indem ich anstatt sechs getrunkener Biere acht angegeben habe, mit dem Erfolg, dass mir diesmal geglaubt wurde. Denn es geht weniger darum, wie viel man in der Vergangenheit getrunken hat, sondern vielmehr das, was man daraus für die Zukunft gelernt hat. Man muss möglichst glaubhaft darstellen (auch wenn es nicht der Wahrheit entspricht), dass man an seinem Verhalten etwas geändert hat.

Zu der Frage, wie ich mir es erklären könne, mit einer doch nicht unerheblichen Promillezahl noch Fahrrad fahren zu können, räumte ich ein, dass es wohl auf eine gewisse Alkoholgewöhnung zurückzuführen sei, da ich vor dem Delikt regelmäßig am Wochenende an einem Abend 5 bis 6 Bier trank und dann mit dem Rad nach Hause fuhr. Ich betonte auch explizit, dass dies ja meine Strategie war, da ich Alkohol und das Führen eines Kraftfahrzeugs kategorisch ausschließe.

Natürlich ließ ich auch gleich mit einfließen, dass diese Strategie selbstverständlich nur bis zum Delikt zum Tragen kam. In der Zwischenzeit habe ich aus den Gesprächen mit dem Verkehrspsychologen gelernt, dass mein Verhalten falsch gewesen ist, denn ich habe nicht nur mich, sondern, viel schlimmer noch, auch andere unbeteiligte Verkehrsteilnehmer gefährdet.

Das hat gesessen, genau das wollte der Psychologe hören, denn er antwortet prompt: „Ja, das denkt man erst gar nicht, jedoch passieren immer wieder schlimme Unfälle auch verursacht durch alkoholisierte Radfahrer". Ja, ich habe meine Lektion gelernt, dank der fabelhaften Verkehrstherapie, die ich hinter mich bringen durfte. Ich merkte, wie ihm meine Worte wie Butter hinuntergingen. Jetzt muss ich aufpassen, dass ich nicht völlig übertreibe und das Ganze noch ironisch wirkt. Ich erläutere ihm, dass ich in Zukunft maximal 2 Bier trinken werde, egal zu welchen Trinkanlässen. Dies habe ich seit meiner Straftat schon so praktiziert. Ich konnte die Erkenntnis gewinnen, dass zwei Bier genügen, um eine gewisse Wirkung zu erzielen und mehr soll es auch gar nicht sein. Wenn ich an die Vergangenheit zurückdenke, habe ich meist einfach aus Gewohnheit mehr getrunken, da diese Mechanismen lange Zeit eingeübt waren und ich gar nicht darüber nachgedacht habe. Doch jetzt habe ich den Teufelskreis durchbrechen können und habe die vielen Vorteile erkannt, die man durch einen eingeschränkten Konsum erlebt.

Man selbst ist am nächsten Tag fit und dadurch auch viel aktiver, um beispielsweise schöne Unternehmungen mit der Familie zu machen. Somit profitiert man nicht nur selbst, sondern sein ganzes Umfeld, was sich natürlicherweise auch hier wieder positiv auswirkt. Alles in allem war es ein Lernprozess, der mir anhand der professionellen Hilfestellung gelungen ist. Zum Abschluss des Gespräches fragt er mich nach einem persönlichen Notfallplan, falls es doch wieder mal mehr werden sollte. Ich würde selbstverständlich mit meiner Partnerin darüber reden und mir ab diesem Tag fest für die Zukunft vornehmen, an den gefassten Vorsätzen dranzubleiben.

Eine Woche später

Heute werde ich von der MPU-Stelle angerufen. Sie können meine Blutprobe nicht verwerten, da das Blut hämolytisch wäre. Ich könne gerne nochmal nach Nürnberg ins Institut kommen. Da ich ca. 150 km entfernt von Nürnberg wohne, möchte ich zuerst abklären, ob ich die Blutabnahme nicht auch bei meinem Hausarzt machen lassen könne. Selbstverständlich sagt mir die freundliche Dame am Telefon, jedoch müsste ich dann für die Kosten selbst aufkommen.

Nach einigem Abwägen von Für und Wider, entschließe ich mich doch noch einmal, mich auf den Weg nach Nürnberg zu machen. Genau eine Woche nach meiner Begutachtung, bin ich nun noch ein

zweites Mal da. Nur zur allgemeinen Erklärung: hämolytisch bedeutet, dass entweder bei der Blutentnahme oder im Labor ein Fehler gemacht wurde. Es hat nichts mit den Eigenschaften meines Blutes zu tun. Jedoch, nach dem bisherigen Verlauf der ganzen Angelegenheit, hätte es mich doch auch gewundert, wenn die zweite MPU völlig glatt gelaufen wäre. Mein Hauptbeweggrund, mich nochmal für Nürnberg zu entscheiden, war, alles in einer Hand zu lassen und nicht noch zusätzliche Stellen mit evtl. Fehlerquellen miteinzubeziehen. Denn mein Zeitfenster bis zur nächsten Gutachtenabgabe bei der Führerscheinstelle betrug nur noch 1 1/2 Wochen. Den Arzt fragte ich, wie lange es dauern würde, bis das Ergebnis des Gutachtens vorliegen würde. Bis Donnerstag, Freitag nächster Woche sollte es seiner Einschätzung nach bei mir sein. Gut, dann wäre es noch rechtzeitig, um es am darauffolgenden Montag vorzulegen.
Ich schaute Donnerstag in den Briefkasten, Freitag in den Briefkasten – nichts. Freitagnachmittag rief ich im Institut an, jedoch waren nur der Anrufbeantworter wegen einer internen Veranstaltung geschaltet. Voller Hoffnung begab ich mich am Samstagvormittag in Höchstspannung zum Briefkasten. Tatsächlich, es befand sich ein Umschlag des Institutes darin. So, jetzt mal schauen, ob ich den Psychologen mit seinen Andeutungen richtig verstanden habe. Denn man bekommt ja nur durch die Blume gesagt, wie sich das Gesagte auf das Gutachten niederschlagen wird.
Ich öffne den Umschlag mit einem großen Messer, ziehe das Schreiben heraus, es ist schon so eingetütet, dass die letzte Seite mit der Gesamtzusammenfassung oben auf liegt. Ich überfliege das Gutachtenergebnis, muss die vier Sätze jedoch zweimal lesen, um für mich realisieren zu können, dass ich wohl tatsächlich positiv bewertet wurde! Und auch ohne K-Auflage, was ja durchaus möglich gewesen wäre. „Jippie", geschafft, jetzt nehme ich mir die Zeit, das gesamte Gutachten durchzulesen.

Der letzte Akt

Montagmorgen gehe ich bei der Führerscheinstelle mit dem Original vorbei, um es fristgerecht abzugeben. Nachdem ich eine Bestätigung für die Abgabe ausgehändigt bekomme, mich jedoch nicht ausweisen kann, werde ich gleich von meiner „Lieblingssachbearbeiterin" der Führerscheinstelle darauf hingewiesen, dass es doch normal wäre, sich ausweisen zu können. Ich übe mich in Zurückhaltung, denn die Umstände sprechen für sie. Zudem ist mir sehr wohl bewusst, dass es zwischen uns nach wie vor ein Machtgefälle gibt. Tief durchatmen und sich in Demut üben, lautet das Motto des Tages. Gut, sie händigt mir die Bestätigung aus, nachdem ich ihr sämtliche Kreditkarten und die Krankenkassenkarte mit Lichtbild aus meinem Geldbeutel gezeigt habe. Weiter gibt sie mir noch mit auf den Weg, dass sie sich melden werden. Am nächsten Tag ruft mich mein Anwalt an und sagt, die Sachbearbeiterin habe sich bei ihm gemeldet. Sie hat das Gutachten durchgesehen und ich könne einen Termin bei ihr ausmachen. Nebenbei erwähnt sie, leider habe irgendein Mitarbeiter der Führerscheinstelle meinen alten Führerschein entwertet, sodass mir der alte Führerschein als neues Dokument ausgestellt werde. Ich müsse ein biometrisches Passfoto mitbringen, dann würde mir ein Führerschein auf Kosten des Landratsamtes ausgestellt werden. Gut, zumindest scheint der Widerspruch gegen Führerscheinentzug gewirkt zu haben und es hat sich nur um einen vorübergehenden Entzug gehandelt. Somit dürfte der Entzug nicht aktenkundig im Verkehrsregister werden. Dies war ja die Zielsetzung des Widerspruches gewesen. Die zweite positive Nachricht der letzten Tage.
Mal sehen, welche Überraschungen noch auf mich warten. Morgen werde ich anrufen und um den besagten Termin bitten. Ich werde anfragen, ob das Fahrradverbot ab sofort aufgehoben ist, denn soweit ich weiß, muss man fürs Radfahren bisher kein offizielles Dokument mit sich führen.

Am Morgen um 8 Uhr rufe ich in der Führerscheinstelle an. Die Sachbearbeiterin macht mit mir einen Termin um 11:30 Uhr aus. Diesmal nehme ich meinen Personalausweis mit. Pünktlich um 11:30 Uhr bin ich dort und bekomme einen vorläufigen Führerschein ausgestellt. Der gilt, bis der „neue Alte" ausgehändigt werden kann, was etwa drei Wochen dauern wird. Egal, Hauptsache ich darf wieder fahren. Weiter sagt sie mir, dass hiermit das Verbot zum Fahren von führerscheinfreien Fahrzeugen auch aufgehoben wäre. Worauf ich die Gelegenheit nutze und frage, ob tatsächlich jeder, der mit mehr als 1,6 Promille auf dem Fahrrad erwischt wird, auch dieses Verbot erhält. Denn ich persönlich kenne Fälle, wo dies nicht der Fall gewesen sei. Worauf sie mir antwortet, bei ihnen im Zuständigkeitsbereich, sprich Landratsamt, würde es so gehandhabt werden. Ich frage, ob es an der Wahrnehmung der Leute bzw. an deren Glaubhaftigkeit läge, dass diese mir andere Verläufe schilderten? Sie könne nur für ihre Behörde sprechen: seit 2015 würde sie in diesem Sachgebiet arbeiten, mit der entsprechenden Anweisung. Ansonsten wären auch andere Behörden angehalten, so zu handeln, wobei auch sie schon von abweichenden Fällen gehört hätte. Jedoch wären sie gesetzlich hierzu verpflichtet. Für mich als Laien, hört sich „angehalten" nach einer Kannbestimmung an, jedoch erklärt mir mein Anwalt, dies würde im Juristen-Deutsch „sind verpflichtet" bedeuten. Nun gut, ich verlasse das Landratsamt und setze mich auf meinen Drahtesel und bewege mich - legaler Weise
mit Selbigem in den öffentlichen Straßenverkehr. Nicht auszudenken, wenn ich dies unerlaubter Weise in den letzten 5 Monaten getan hätte und es wäre zu einem Unfall mit einem anderen Verkehrsteilnehmer gekommen. Auch bei dem reinen Vergehen gegen die Anordnung der Führerscheinbehörde, wäre der Tatbestand einer Ordnungswidrigkeit gegeben, was die Folge eines Bußgeldes nach sich gezogen hätte. Daran kann man erkennen, mit welcher Vehemenz die ausführenden Organe gegen kriminelle Radfahrer vorgehen.

Einen schönen Artikel gab es in der taz vom 29. April 2019 „Einer geht noch" von Francis Kirps.

„Auf einem streng geheimen Verkehrsübungsplatz werden Probanden erstmals einer alkoholgestützten Fahrprüfung unterzogen..." (Kirps, Francis "Einer geht noch" *taz*, 29.04.2019, S.20)

Der Artikel persifliert die abstruse Geschichte, die eine radikale Wende in der deutschen Verkehrspolitik einleitet.

„Das Projekt „Promilleführerschein 2.0", ein neuer Ansatz im Kampf für mehr Sicherheit und Gerechtigkeit im Straßenverkehr. Es begann mit einer wissenschaftlichen Studie der Universität des Saarlandes. In groß angelegten Versuchen wurde das Verhalten von Menschen unter Alkoholeinfluss an Fahrsimulatoren getestet. „Das Ergebnis war überraschend und widersprach der herrschenden Lehrmeinung", erklärt Verkehrsanthropologe Dr. Phineas Semmelrogge, der Leiter der Studie. Ein Teil der betrunkenen Probanden erzielte sogar bessere Testergebnisse als nüchterne Kandidaten. Nach Veröffentlichung der Ergebnisse meldete sich prompt das CSU-geführte Bundesverkehrsministerium bei Professor Semmelrogge und schlug eine Zusammenarbeit vor." (ebd.)

In diesem Stil geht es durch den gesamten Artikel, gefolgt von einer höchst skurrilen Argumentation, bei der die Vorteile des Promilleführerscheins herausgearbeitet werden.

„Hieraus resultiere eine gerechtere Situation für diejenigen, die unter Alkoholeinfluss so sicher wie andere nüchterne Fahrer ihr Fahrzeug führten. Denn es wäre auch für die Polizei ein leidiges Thema, arme Gewohnheitstrinker aus dem Verkehr ziehen zu müssen, die ihr Fahrzeug sicher beherrschten. Stattdessen könnten sie die Zeit dafür verwenden, wahre Gefährder, wie beispielsweise Radfahrer aus dem Verkehr zu ziehen." (ebd.)

Der allerletzte Akt

Montag 6. Mai 2019. Heute gehe ich bei der Führerscheinstelle vorbei, um meinen offiziellen Führerschein abzuholen. Im Vorzimmer empfängt mich eine junge Dame. Ich schildere ihr mein Anliegen, worauf sie eine Weile nach meinem Führerschein suchen muss. In dieser Zeit werde ich ungewollt Zeuge eines Telefonats aus dem Zimmer nebenan, in dem „meine" Sachbearbeiterin ihren Arbeitsplatz hat. Bei diesem Ferngespräch geht es um die Erlaubnis, unter Einfluss von Medizinischem Cannabis einen Pkw zu führen. Der Kunde soll sich einer MPU unterziehen, bei der seine Eignung zum Führen eines Fahrzeuges trotz des Konsums von THC sichergestellt werden soll. Da ich nur die Antworten der Sachbearbeiterin höre, welche mehrmals erwähnt, dass ihr hier die Hände gebunden wären und sie auch gar nicht anders handeln könne, kann ich mir die Fragen des Kunden problemlos herleiten. Sie könne seine persönliche Situation sehr wohl verstehen, da ihm das verschriebene THC gesundheitlich weiterhelfe. Nichtsdestotrotz müsse sie sich an ihre Vorschriften halten und könne in seinem Fall keine Ausnahme machen.
Ich stehe hinter der offenen Tür und denke mir, „ach die gute Fr. G.. Sie ist tatsächlich nicht bereit, einen Zentimeter von ihren Vorschriften abzuweichen. Sie nimmt ihren Job sehr ernst und bekommt womöglich noch einen Orden von unserem Bundesverkehrsminister ausgehändigt, der allen durch seinen klaren und gesunden Menschenverstand in Erinnerung ist".

Letzte Worte

Zwei Monate später stelle ich eine Anfrage beim Bundesverkehrsregister in Flensburg über mögliche Einträge zu meiner Person. Den Antrag kann man kostenlos auf deren Seite herunterladen und er wird auch kostenfrei bearbeitet. Drei Wochen dauert es, bis ich die Antwort aus Flensburg in Händen halte. Tatsächlich war bei mir keine Eintragung vorgenommen worden.

Hiermit bestätigt sich, dass der Schritt meines Anwaltes, einen Widerspruch einzulegen, wie auch immer es ausgehen würde, der Richtige gewesen ist. Denn mir war nicht klar, was ein Widerspruch gegen einen Führerscheinentzug bringen soll, wenn dieser faktisch schon eingezogen ist. Jedoch zeigte sich im Nachhinein, dass der Widerspruch bewirkte, dass der Führerscheinentzug nur ein vorläufiger gewesen ist und kein tatsächlicher. Der Unterschied ist, dass beim tatsächlichen Führerscheinentzug eine Eintragung im Verkehrsregister von mindestens 10 Jahren aktenkundig gewesen wäre. Dies hätte bedeutet, dass bei einer noch so geringen Auffälligkeit im Straßenverkehr eine weitere MPU hätte angeordnet werden können. Beispielsweise mit 0,3 Promille auf dem Fahrrad - MPU.

Als ich meinem Anwalt erzählte, dass ich persönlich nicht an die Wirksamkeit des Widerspruches geglaubt habe, lächelt er und meint, er, offen gestanden, auch nicht.

Danksagung

Bedanken möchte ich mich für das Korrekturlesen und für das Lektorieren bei meinem alten Freund Franz.

Danke nochmal für Deine Geduld.

Auch hier hat sich gezeigt, dass es guttut, sich nach solchen Arbeiten mit einem Gläschen zu belohnen. Jedoch bitte danach auf das Führen von Fahrzeugen verzichten!

Quellenverzeichnis:

- Frau R., Medizinisch-Psychologisches Gutachten, Gutachten Nr. 1312171718S, 23.10.2018
- Kirps, Francis „Einer geht noch" *taz*, 29.04.2019, S.20
- Zé do Rock, „Recht & Unrecht" *Die Zeit*, 21.02.2019, S.12

Zeitfracht Medien GmbH
Ferdinand-Jühlke-Straße 7
99095 Erfurt, Deutschland
produktsicherheit@kolibri360.de